U0566149

南禅寺

山西省文物局 编
王炜 著

山西出版传媒集团
三晋出版社

写在前面的话

党的十八大以来，以习近平同志为核心的党中央高度重视文化自信和文化建设，强调在加强文化建设中要坚持讲好中国故事、传播好中国声音，铸牢中华民族共同体意识，向世界展现真实、立体、全面的中国，提高国家文化软实力和中华文化影响力，让世界更好地了解中国。2020 年 5 月，习近平总书记在山西视察时，进一步指出文化遗产保护的重要意义：历史文化遗产是不可再生、不可替代的宝贵资源，要始终把保护放在第一位。发展旅游要以保护为前提，不能过度商业化，要让旅游成为人们感悟中华文化、增强文化自信的过程。

山西是中华文明重要的发源地，更是数千年中华文明史重要的实践地，山西以其独特的自然和人文环境，留下了丰富的遗迹、遗物。山西省目前有国保单位 531 处，高居全国之首，为深入开展“百万年的人类史、一万年的文化史、五千多年的文明史”研究，提供了丰富的实物资料。

为深入贯彻落实习近平总书记讲好中国故事、传播好中国声音的要求，以及视察山西时关于保护和利用好文化遗产的重要指示，进一步把山西省文化遗产所蕴藏的优秀传统文化精神标识和具有当代价值与世界意义的文化精髓提炼展示出来，不断提升中华文化影响力，山西省文物局与山西大学以山西省全国重点文物保护单位为依托，共同开展了“讲好山西国宝级文物故事”活动，并将其成果以“山西国宝故事”丛书奉献给广大读者。

此次选定的山西国宝文物包括山西省的三大世界文化遗产地、国务院首批公布的全国重点文物保护单位以及在全国同类遗存中具有重大文化价值的遗存共20处。这20处国宝大致可分为四类。

第一类是世界文化遗产。享誉中外的三大世界文化遗产，是我省的闪亮名片。云冈石窟代表着石窟艺术“中国化”的开始，壮丽的典型皇家风范造像，代表了公元5世纪世界雕刻艺术的最高水平，成为中西文化交流的历史丰碑。冰缘地貌、五峰聚立的佛教圣地五台山，是我国唯一兼有藏传佛教和汉地佛教的道场，是东亚乃至世界现存最庞大的佛教古建筑群，各类庙宇交相辉映，多民族文化和谐共存，同时也是艺术的殿堂，雕、镂、彩、绘，各呈奇异，钟、鼓、碑、匾，琳琅满目。保存最完整的古代县城平遥，是中国汉民族在明清时期的杰出范例，曾是中国金融业的中心，四四方方的城墙、整整齐齐的街道布局，车水马龙，人声鼎沸，盛满了城市过往的浓厚记忆，被称为研究中国古代城市的活样本。

第二类是古建宝刹。“地上文物看山西”，山西是名副其实的中国古建筑宝库。古建与土木匠作、髹漆彩画、造像雕塑、琉璃烧造、模型搭建等文化遗产，共同构成类目齐备、保存完整的文化遗产体系，在我国乃至世界范围内独一无二，具有“时代最早、数量最多、类型齐全、形式优美”的特点。其中有梁思成眼里的“中国第一国宝”佛光寺；有我国现存最古老的木结构佛教建筑南禅寺大殿；有精美绝伦的元代水神庙壁画，有保存最完好的飞虹琉璃塔的广胜寺；有被誉为世界三大奇塔之一的应县木塔；有见证民族交融的华严寺；有国内现存布局最完整、规模最宏大的辽金佛寺善化寺；有悬挂在山崖峭壁上，佛、道、儒三教合一的独特寺庙悬空寺；有保存着中国古代寺观壁画巅峰之作的永乐宫；有现存最早的皇家园林，三晋历史文脉的重要载体晋祠；有始建年代最早、规模最大、档次最高、保存最全的关帝庙宇解州关帝庙。

第三类是考古遗址。从古人类文化遗址、帝都古城到陵寝墓葬，考古类遗址为研究中国文化源流，解开尘封历史提供了珍贵的实物资料。这一类包括了远古人类打制石器的现场，中国旧石器时代中期的代表性文化遗址丁村遗址；华夏文明的源头，被称为“最初中国”的陶寺遗址；展示盛衰交替晋文化的晋国始封地与早期都城曲村—天马遗址；晋国晚期都城侯马晋国遗址。

第四类是历史遗存。说不尽的人文，道不尽的故事。汇通天下的百年票号日昇昌旧址，几经风雨沧桑、几经商海沉浮；平型关战役遗址，代表了中国共产党领导的八路军正面抗日取得的首次胜利，极大地鼓舞了全国军民抗战到底的信心，提高了共产党和八路军的威望；华北抗日根据地的指挥中心武乡八路军总司令部旧址，曾是百团大战的发起地，书写了抗日军民浴血奋战、威震敌胆的英勇事迹。

从古人类文化遗址、帝都古城到宝刹石窟、险堡雄关、革命圣地……整个山西就是一部浓缩的中华文明史诗，见证着中华历史的沧桑演变，体现了中华文明的连续性、创新性、统一性、包容性、和平性。讲好山西国宝故事，是讲好中国故事非常重要的组成部分，也是传播好中国声音，铸牢中华民族共同体意识，向世界展现真实、立体、全面的中国的有益实践。站在新的历史起点，我们浸润于三晋大地的优秀传统文化之中，通过“第二个结合”，更加坚定文化自信，共同努力创造属于我们这个时代的新文化，建设中华民族现代文明，铸就中华文化新辉煌。

丛书编委会

目录

引言

时代最早
数量最多
类型齐全
形式优美

本书将以这样一句断语开篇：

古代建筑是山西最具代表性、最重要的物质文化遗产，并与土木匠作、髹漆彩画、造像雕塑、琉璃烧造、模型搭建等非物质文化遗产，共同构成保存完整、类目齐备的文化遗产体系，在我国乃至世界范围内独一无二。

山西省拥有数量众多、丰富多彩的文化遗产，古代建筑凭什么脱颖而出？在笔者看来，至少有以下四方面的理由。

（一）时代最早

山西古代建筑在这方面保持着大量“全国最早”的记录。我国现存最古老的木结构建筑位于山西，即唐建中三年（782）的五台县南禅寺大殿，它同时还是我国现存最古老的木结构佛教建筑。最古老的木结构道教建筑也位于山西，即建于唐代晚期的芮城县广仁王庙（又称“五龙庙”）大殿。最古老的武庙建筑位于山西，即建于北宋的阳泉市郊区关王庙正殿。建于金代的平遥县城文庙大成殿是最古老的文庙建筑之一。建于辽代的应县佛宫寺释迦塔（俗称“应县木塔”）是世界现存最古老、最高的楼阁式木塔，既是最早，又是最高，殊为不易。我国最古老的戏台位于山西，即金大定二十三年（1183）的高平市二郎庙戏台。最古老的民居也位于高平市，即元至元三十一年（1294）的姬氏民居。类似的记录我们还可以列举很多。

（二）数量最多

山西古代建筑的“数量最多”是压倒性的。据不完全统计，山西现存古代建筑达28000余处，随着文物调查和保护工作的深入，数量还在不断地增加中。我国现存唐代木结构建筑不超过4座，其中3座位于山西，除

分别是山西省忻州市五台县南禅寺大殿、佛光寺大殿，运城市芮城县广仁王庙（五龙庙）大殿以及河北省石家庄市正定县开元寺钟楼等。开元寺钟楼一般认为只有下半部分是唐代原构，所以也有人认为其只能算“半座”。山西省长治市平顺县的天台庵大殿，一度也被认为是唐代建筑，在近年维修中发现的新证据表明其时代应属于后唐时期。

了上文提到的2座，还有五台县佛光寺东大殿。我国现存元代以前古建筑近600处，70%以上保存在山西。据李会智先生统计，山西的唐代、五代、宋代、辽代、金代和元代建筑在全国同时期建筑中，占比分别高达100%、80%、72.34%、37.5%、86.95%及82.9%，合计达82.48%[1]，比以往的数据更具“压倒性”。正是有了如此之多古代建筑的“助阵”，山西拥有的全国重点文物保护单位数量从1996年开始稳居全国第一，第1—8批国保单位共计531处，比全国第二名河南省多出110多处，可谓“断层式领先”。

（三）类型齐全

山西古代建筑品类丰富，举凡城、池、寺、观、祠、庙、宫、殿、庵、堂、园、院、宅、斋、署、衙、楼、阁、塔、台、亭、榭、苑、囿、关、驿、桥、梁、馆、棚、洞、窟、牌、坊、陵、墓、店、铺等，应有尽有，不胜枚举，所以山西素有“中国古代建筑宝库”之称。比如城池，晋中市平遥古城是我国保存最完整的明清古城之一，与云南省丽江古城同时列入“世界文化遗产名录”。比如民居，以乔家大院为代表的晋商大院已经被视为北方民居的杰出代表。

比如衙署，山西的霍州、绛州州署大堂及临晋县衙大堂等都是我国现存古代衙署建筑中的典型代表。比如长城，山西现存长城总长度累计1400多千米，涉及战国、秦汉、北朝、隋、宋、明等时代，是全国保存古长城最多的省份之一[2]。比如石窟，大同云冈石窟与敦煌莫高窟、洛阳龙门石窟齐名，而且都已经列入“世界文化遗产名录”。

（四）形式优美

建筑是艺术的母体，它既孕育着艺术，也承载着艺术，山西丰富的古代建筑也保留着多种优美的艺术形式。比如壁画，芮城县永乐宫无极殿（又称“三清殿”）内保存着绘于元泰定二年（1325）的《朝元图》，壁画总面积403.34平方米，绘制人物形象近300身，场面恢宏、构思缜密、气韵生动、色彩绚丽，被公认为中国古代寺观壁画的巅峰之作。比如彩塑，平遥县双林寺共保存明代以来彩塑2000余尊（一说1500余尊），仅千佛殿一座殿堂就有500余尊，其中的韦驮像寓动于静，气聚神凝，是同类题材中的上乘之作。隰县千佛庵（又称“小西天”）

大雄宝殿规制小于双林寺千佛殿，但是竟有塑像 1000 余尊，几乎无处不塑像，把“悬塑”技艺发挥得淋漓尽致。比如琉璃，洪洞县广胜上寺飞虹塔为八角十三层楼阁式砖塔，不仅表层全部用琉璃装饰，绚丽夺目，而且内部塔心室使用繁缛华丽的琉璃藻井，金碧辉煌。

总而言之，以木结构建筑为代表的古代建筑及相关技艺，是山西省最重要也最有代表性的文化遗产。如果您认同我的上述断语，开始对山西古代建筑感兴趣，想要开始了解山西古代建筑，那我们不妨从“源头”开始。

山西省文物局从全省 531 处全国重点文物保护单位中，筛选出 20 处价值最高、最具代表性的文物，称为“国宝级文物”。上文已经提到的唐代建筑——南禅寺和佛光寺，都名列其中。它们都是中国历史上最伟大时代之一——唐朝留存至今的建筑杰作。对于我国保存至今的其他古代建筑而言，它们就是“源头活水”。正如罗哲文先生所说：

山西，襟山带水、表里山河的自然地理环境，承接中原文明与草原文明交融的地缘优势，历史悠久和人文璀璨的厚重积淀，成就了山西“中国古代建筑博物馆”的称誉。在山西现存上启魏晋下至明清灿若繁星的历代古建筑中，以南禅寺、佛光寺为圭臬的唐代木构建筑，无疑是这座博物馆中的“镇馆之宝”[3]。

本书将主要讲述它们的故事，相信通过它们的故事，读者可以更好地理解山西古代建筑的中国价值以及世界价值。

让我们先从南禅寺开始。

第一章　盛唐片羽

创建

袭用

中华人民共和国共有 2800 余个县级行政单位。

中华人民共和国现存唐代木结构建筑不超过 4 座。

如果平均一下，700 多个县级行政单位才可能有 1 座唐代木结构建筑。但是，在山西省忻州市有一个得天独厚的县——五台县，竟然拥有 2 座唐代木结构建筑——南禅寺大殿和佛光寺东大殿。不仅数量令人羡慕，而且这 2 座建筑还是我国现存唐代木结构建筑的精华所在——前者时代最早，后者规模最大。

南禅寺位于今忻州市五台县阳白乡李家庄村西的黄土冈上，寺院坐北朝南，南北长约 60 米、东西宽约 51.3 米，总面积 3078 平方米。除了阎王殿，其他的殿堂都集中在一进院落之内，建筑群的规模较小，平面布局也比同为唐代建筑的佛光寺简单得多。寺院周围只有庄稼和树林，是我国北方地区十分常见的光景（图一）。“这座寺院伴随着气氛宁静的农村，形成一种简朴优雅的禅境。”[4]

为了文物保护，南禅寺周边陆续修建了围墙等附属建筑，总占地面积达到 5800 平方米。

图一 南禅寺远景(自摄)

南禅寺与佛光寺有很多显著的区别，其中之一就是两座建筑的位置，佛光寺虽然不处台怀，但是仍属于以五台山为中心构建起来的清凉世界和庙宇体系的重要组成部分，有着煊赫的过往；南禅寺距离五台山更为遥远，远到我们在寺庙中的题记、碑刻

如果我们在地图上测量，佛光寺距离台怀镇的直线距离是 20 多千米，而南禅寺则是 50 多千米。

以及相关历史记载中，很少能看到它与五台山有什么直接联系。

这座规模不大的寺庙，与很多村庄附近都有的小型寺庙一样，守护着一方水土的安宁祥和与一方居民的岁月静好。但是它又与普通的乡村寺庙不同，不仅是我国现存最古老的木结构建筑，还是唯一的唐代中期木结构建筑，在它身上我们仍可以追寻和领略到盛唐风采。

一、创建

南禅寺的历史大部分笼罩在迷雾之中，这主要是因为相关文字记载的缺乏，所幸创建年代异乎寻常的清晰，这主要得益于在大殿西缝平梁下发现的墨书题记（图二）：

因旧名旹（时）大唐建中三年岁次壬戌月居戊申丙寅朔庚午日癸未时重修殿法显等谨志

这条题记不长，只有35个字，但值得琢磨的地方不少。

引人注目的首先是时间，记录要素包括年、月、朔、日和时，可以说完备到了极致，但是问题也正出在这里。“建中三年岁次壬戌”，“建中”是唐德宗李适的第一个年号，“建中三年”即公元782年，查《中国历史纪年表》正是“壬戌”年。继续查下去，在《二十史朔闰表》《三千五百年历日天象》[5]等常用工具书中，“月居戊申”是七月，但七月却不是“丙寅朔”而是“壬午朔”，也就不可能有“庚午日”。这些工具书经过多年检验，不

图二
南禅寺大殿西缝平梁墨书题记
（山西省文物局）

可能唯独在这个时间上出错，只能认为这条时间记录存在问题。

北京建筑大学的曹汛教授较早注意到了这个问题，指出“当事人在当天也不可能记出一个当月之内根本没有的干支日”。他选择相信月、朔、日和时的记录，就从建中三年向下查找，发现直到唐朝灭亡，只有大中六年（852）存在同时符合以上记录的历日，“我的推测是，南禅寺初建于建中三年,会昌灭法时毁掉了,宣宗复法后，大中六年又‘重修殿’，这次重修的时间正是‘月居戊申，丙寅朔，庚午日，癸未时’，重修殿的法显等人重新题记，准确地记下了这一时刻，又要追认原初是建于建中三年，所以上面的年份与下面的月日不能相合”[6]。如果这种观点成立，南禅寺大殿的年代将会推后整整 70 年。打个不太准确的比方，它与佛光寺东大殿的辈分可能由“祖孙”变成“兄弟”，而且中国大地上也将不再存在早于

南禅寺大殿如果建于建中三年（782），它比佛光寺东大殿的年代早 75 年；如果建于大中六年（852），只比后者早 5 年。

9 世纪的木结构建筑。正是因为干系重大，绝大部分学者目前还是选择采信这条时间记录的前半部分。

选择相信前半部分，朔和日的错误不好解释；相信后半部分，

陈涛等对朔日错误进行了尝试性解释，认为可能是“误抄了上月的望日干支”。[7]

解释同样难以圆满。仔细观察这条南禅寺大殿的“出生证明”，我们会发现在上述题记下似乎还有文字，尤其在“月”字旁边可以看到残存的笔画，不同文字的墨色似乎也深浅不一。看来对这条题记还有必要进行更为细致的研究，使用红外线相机有可能发现目力难辨的墨书，使用碳 –14 测年有助于更精确地判断构件及题记的年代。鉴于目前还没有决定性证据可以推翻建中三年（782）的说法，本书将沿用此说。

引人注目的还有“重修”。“重修”意味着在此之前就存在寺庙殿宇，“因旧名”说明重修后延用了此前的名称，也就是说，寺庙的创建时间还要早于建中三年。当然，因为相关记载的缺乏，我们还不能百分之百确定这座寺庙在唐代是不是叫“南禅寺”，毕竟此名目前最早见于寺庙内的明代碑刻。改名对于中国古代佛寺来说并不稀见，甚至可以说是相当普遍，像佛光寺那样一

个名字用了一千多年的是极少数。同样普遍的是，在民间重修时会尽可能利用原有的建筑材料。在现存的南禅寺大殿中，我们可以观察到某些构件的年代可能更为古老，它们可能就来自重修前的寺院殿宇。

写下这条题记的僧人法号“法显”，显然与远赴天竺取经的东晋名僧法显不是同一人。不过，他因为重修南禅寺大殿的功绩，无意中成为了中国古代建筑史中的名人。

782 年，这是我国现存唯一一座建于 8 世纪的木结构建筑——南禅寺大殿的建成年代。

782 年，这一年距离唐朝著名皇帝唐玄宗李隆基去世整整 20 年，安史之乱的硝烟已经散尽，盛唐的繁华仿佛就在昨天。

782 年，当法显等人写下墨书题记时，他们不会想到这座在当时可能十分普通的殿宇，将躲过无数次天灾人祸，幸存到 1200 多年后的今天，成为那个伟大时代留存下来的吉光片羽，得到亿万人民的珍视和呵护。

二、袭用

南禅寺大殿建成60余年之后，唐武宗在会昌五年（845）四月下令清查天下寺院及僧侣人数，著名的“会昌法难”达到了高峰，五台山佛教的极盛时代由此画上了句号。台内台外的诸寺庙，包括佛光寺都损毁严重。南禅寺大殿可能因为地处偏僻，也可能因为信众庇护，奇迹般地躲过一劫，成为唯一一座从“会昌灭佛”之前幸存至今的佛寺建筑。

我们对宋元时期南禅寺的了解，仅限于大殿内数量十分有限的墨书题记等。

大殿东缝大梁下，发现了北宋时期进行维修时留下的墨书题记[8]（图三）：

维岁次丙寅元祐元年三月十一日竖柱台枋／南社都维那侯真 副维那霍链／傅□ 侯玉 傅贤／郭千 郭宗 郭福／侯昌 郭金 王新 侯宗／郭德 郭现 侯福 霍和／霍应 霍思（？） 赵俊（？） 霍贍 霍进／赵□ 傅□ 霍俊（？） 王

图三

南禅寺大殿东缝四椽栿题记（自摄）

宗 霍大（太?）/ 郭万 郭乂 傅□ 陈青（?） 郭笑（?） 霍友（?）/ 傅用 傅□ □□ □□ □□ 霍福 / 霍□ □安 □□ □□ □大（太?） 傅□ / 客户 黄琦 打锻人 / 薛秘 胡俊 胡璘 郭贵（?）/ 木匠人 / 武贵 武爱（?）/ 书梁人侯万

“元祐”是北宋哲宗赵煦的第一个年号，“元祐元年”即公元1086年，也就是大殿建成约300年之后。题记中提到“竖柱”，说明这不是一次小规模的维修，而应该是“落架大修”。所谓“落（音 lào）架”，是古建筑维修的传统做法，先将建筑构架全部或局部拆落，修配后再按原状安装，如果只拆落梁架以上的部分，称为“半落架”，如果连梁架一并拆落，称为“全落架”[9]。从这条题记来看，如果只是“台（抬）枋”，还有可能是“半落架”，如果还需要“竖柱”，那就应该是“全落架”。虽然这次维修尽可能利用了原有的建筑材料，但是按照宋代的施工与审美要求，对建筑进行了较大的改动。大殿在20世纪70年代进行修缮时，“发现平梁上驼峰、侏儒柱和大叉手是宋人添配”[10]，可能就是此次大修的产物。

大殿西缝大梁下也发现了墨书题记，字迹模糊，依稀可辨“北社都维那牛弃付〔副〕维那牛□□”等内容，时代应与东缝题记相近。所谓“南社”“北社”，应是佛教徒组织的邑社组织，“维那”意为“司寺中事务者”[11]，这里是指邑社的头领，罗列的人名前均无职衔，可见南禅寺在北宋时期保持了“平民本色”。根据上文所录题记，南社共列举人名45

未记入打锻人、木匠人、书梁人等。

人，除7人姓氏难辨外，霍姓人数最多，共11人；郭姓人数其次，共9人；傅姓7人；侯姓5人；王姓、赵姓各2人；陈姓、黄姓各1人。梳理南禅寺现存的明清碑刻（碑刻的具体情况详见下文），维护修缮的主力是郭家寨和李家庄两个村庄，前者以郭姓为主，后者以姚姓为主。这两个村庄至今仍是距离南禅寺最近的两个村庄，郭家寨村位于南禅寺南侧约500米。那些近1000年前加入南社、参与大修的郭姓人士可能就来自这个村庄，没有他们前赴后继的守护，南禅寺是不可能幸存至今的。此外，在大殿前檐当心间西柱内侧，还发现了北宋政和元年（1111）的游人墨书题记，说明这根柱子已经延用了900多年。

据目前所知，元代至少对彩塑进行了一次妆彩。相

图四

南禅寺元代维修木牌（自摄）

关文字记载见于钉在西缝大梁上的一块木牌（图四），上面有四行墨书，比较清晰可辨的有“文殊普贤”“至正三年（1343）”等字迹。

进入明清时期，相关的题记、碑刻等文字资料逐渐增多，我们对南禅寺的历史也就有了更全面的了解。

大殿从唐代以来不可能只是一座孤零零的殿堂，只是与它并存过的其他建筑物已经归于尘土，只有它在历史长河的冲刷淘洗中岿然不动。直到明代晚期，大殿才有了一位执手偕老的“同伴”——龙王殿（曾被记为“罗汉殿”）。龙王殿位于大殿的西南方，在它的明间北侧金柱上发现了题记：

时大明隆庆元年二月二十六日起盖

隆庆元年即公元 1567 年。大殿的这位同伴比它小了 785 岁，它们至今已经共同度过了 450 多个春秋。

到了清代，大殿的“同伴”进一步增多。大殿正前（南）方是观音殿，同时也是寺院的山门，它与大殿大致处在同一条中轴线上。进入山门，龙王殿和菩萨殿东、西对称，

伽蓝殿和罗汉殿在20世纪70年代进行修缮复原工程时拆除。

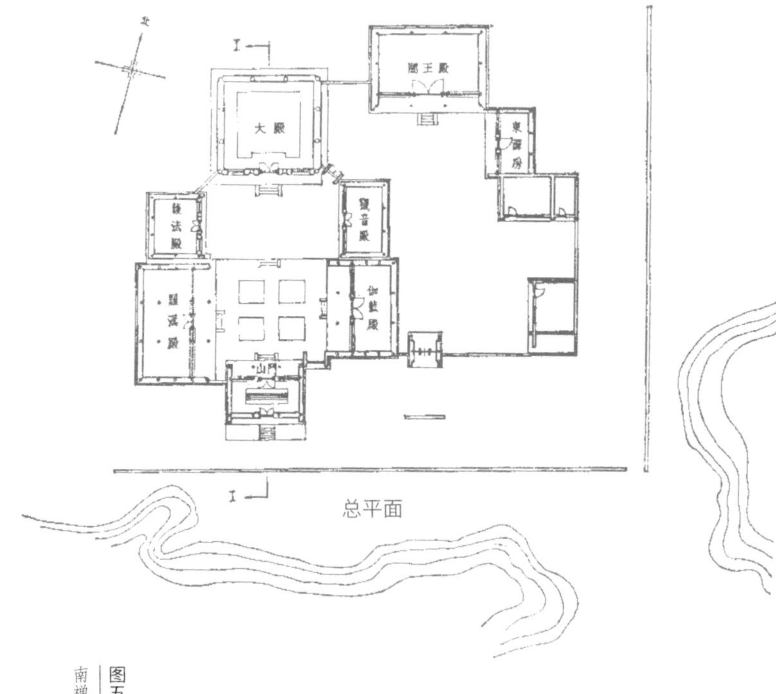

图五

南禅寺总平面图（刘敦桢《中国古代建筑史》）

在它们的北侧各有一座小殿——伽蓝殿和罗汉殿，同样是东、西对称。这六座殿堂围合成了一个封闭式的院落，再加上院落东侧的阎王殿、东禅房等，这就是文物工作者在 1953 年发现它时的基本格局（图五）。

根据现存碑刻的记载，大殿及附属建筑在明清时期至少进行过 6 次不同程度的维修。如明代隆庆年间（1567—1572），“重修殿宇、钟楼、僧舍”；清乾隆二十九年（1764），“仍故迹而整修殿宇，因旧像而补塑金身”；乾隆四十七年（1782），重修龙王殿；嘉庆十二年（1807），“重修观音殿”；嘉庆二十五年（1820），“纠工庀（音 pǐ）材，经营以渐，不数月而庙宇神像焕然一新”；同治十二年（1873），“旧年间郭尚功施修伽蓝殿钱伍十吊，今同修大佛殿、罗汉殿、伽蓝殿、东禅房，次年又助钱壹百六十余吊，修南观音殿、山门”，等等。

经过一次次保养与维修，大殿在生命与健康得以延续的同时，面貌也在不断发生变化，与原本的外观与风貌相差越来越大。

第二章　唐代木构

台基
梁架
屋盖
附属建筑

建筑活动在中国古代常被称为“土木营造”或“大兴土木”，时至今日还延续着“土木工程”的说法。“土”和“木”无处不在，要能成为安全可靠的屋宇，前者需要用夯土版筑技术进行处理，后者需要加工后纳入木构系统。除此之外，砖、瓦也是不可或缺的，前者用于分隔围护，后者能够遮风避雨。砖、瓦一般是用土加工、烧制而成，可以纳入广义的“土”的范围。

“石”是另外一种重要的建筑材料，但是在中国古代建筑，尤其是寺观殿堂中应用有限，所以梁思成先生在概括“中国建筑之主要特征”时要增加一条——“用石方法之失败”[12]。石材在其他文明的古代建筑，尤其是现存古代建筑中（如开罗金字塔、雅典卫城神庙、科隆大教堂等）扮演着十分重要和突出的角色，这是东、西方建筑系统的明显不同之一。这种“失败”是无奈，还是扬弃，我们后面会谈及。

中国古代建筑在立面结构上可以分成三大组成部分，即台基、梁架和屋盖。

台基与“土”对应，一般都是夯土筑就。

梁架与“木”对应，一般使用木材搭建。

为了保护土筑的台基和木构的梁架，上面就需要撑起一把大伞，也就是“屋盖”，通过覆瓦可以使它更好地遮风挡雨。

这种“三分法”的传统古已有之。在《营造法式》颁行大约100年前，北宋初年曾存在一本被誉为“中国历史上第一本木结构建筑手册”的《木经》，作者据说是当时的著名建筑工匠喻皓。此书目前已经散佚，在北宋著名官员、科学家沈括编著的《梦溪笔谈》中节录了部分内容：

营舍之法，谓之《木经》，或云喻皓所撰。凡屋有三分（去声）：自梁以上为“上分”，地以上为“中分”，阶为“下分”。[13]

《木经》中的“三分”即上文所说的三大组成部分。著名建筑学家梁思成先生曾经对此进行过总结：

中国的建筑，在立体的布局上，显明的分为三个主要部分：（一）台基，（二）墙柱构架，（三）屋顶。任何地方，建于任何时代，属于何种作用，规模无论细小或雄伟，莫不全具此三部。[14]

梁思成先生还写道：

这三部分不同的材料、功用及结构，联络在同一建筑物中，数千年来，天衣无缝的在布局上，殆始终保持着其间相对的重要性，未曾因一部分特殊发展而影响到他部，使失去其适当的权衡位置，而减损其机能意义。[15]

下文将按照自下而上的空间顺序，同时也是由先及后的施工顺序，分“台基”“梁架”和“屋盖”等组成部分，对南禅寺大殿进行介绍（图一）。南禅寺大殿不仅年代最早，而且结构清晰，以它为切入点去了解中国古代建筑的基本内涵和一般特征是很合适的，正如李乾朗先生所说，南禅寺是“唐代木构建筑的入门教材”。

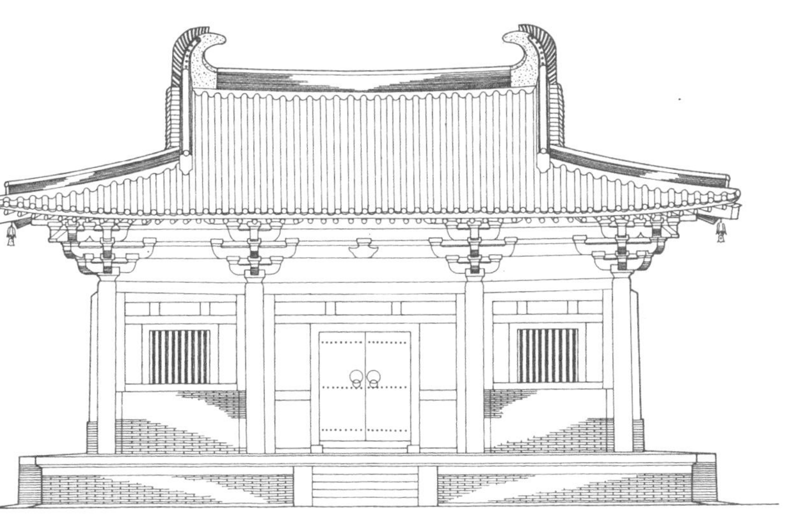

图一 南禅寺大殿立面图（山西省文物局）

一、台基

台基是整座建筑物的基础部分，在地面以上露明的部分称为“台明”，台明之下还有地基。台明与地基相连又有别，地基与大地相连又有别，层层相因、环环相扣，为梁架在大地上提供了一个稳定的立足点。如果把广阔的大地比作海洋，台基就是海中的舟楫，舟楫稳固，建筑才能长久。用坚硬的石块垒砌台基的话，更加稳定坚固，也更能抵挡岁月的摧残，但前提是要有分布广泛、易于开采的石材。遗憾的是，我国的大部分地区不具备，至少不充分具备这样的前提条件。

大地如海，能否化水为舟？

关键在于夯筑技术。著名考古学家孙机先生对此曾有较为全面的阐述，“仰韶文化时期（距今约7000—5000年）已经出现了经过夯打的居住面，有了夯土；应用到地面以上，就发明了版筑”“夯筑就地取材，相对来说是最省工料的建筑方式，而且其坚固程度超乎想象，在考古工作中，几千年前的夯土并非罕见之物”“版筑是中国古代建筑技术中之独特的长项”[16]。

随处可见、取之不尽的黄土，只要使用最简易的工具（圆木、石块等），经过最简单的工艺（分层捶打等），不仅可以成为可靠的台基，还能成为宏伟的城墙。

中国古代修建较为讲究的建筑时，会在地面上先挖一个略大于建筑面积的大坑，然后从坑底开始逐层夯筑，直到与地齐平，形成坚实可靠的地基，在地基上再夯筑台明。台基的形制有直上直下的，剖面呈长方形，一般称之为“方直台基”，也有中部内收的，剖面呈束腰形，称之为“须弥台基”。后者的名称源于佛教，通常有花纹、脚线等装饰，多用于比较尊贵的建筑。

也许因为是乡野寺庙，也许是因为草率维修，南禅寺大殿的台基在上世纪 50 年代发现时状况堪忧，外观低矮局促，高度仅 0.5 米，“用砖石乱砌”，残损严重。维修时，对地基进行了解剖，发现内部的状况也不容乐观，“柱础之下和檐墙一周的基础部分，皆为污土和瓦砾填充，极为松软……其中砖块、瓦片灰块、污土等，全未夯实，这样的基础，在我国早期建筑资料中，尚属少见”[17]。所幸的是，在勘查发掘中发现了早期台基的

图二
南禅寺大殿正面及台基（自摄）

夯土基址，部分地方还残存有包砖，为后来的复原提供了重要线索。

我们现在看到的南禅寺大殿台基是在1974—1975年的大修中复原的（图二），台基方直，高约1.1米，比大修前增高了0.6米，台基的东、南、西、北各边外推0.5—0.9米不等，平面形状由大修前的近似正方形变成近似梯形（北宽南窄），北边宽15.7米（大修前宽约13.9米）、南边宽14.8米（大修前宽约13.8米），南北边间距13.9米（大修前12.8米），台基面积较大修前扩大了约10%。此外，在勘察发掘中还在台基南侧发现了连为一体的月台，维修时也一并进行了复原，月台

月台，古建筑台基的附属部分，实际为台基的复合做法。“月台”适应宗教仪轨和人群积聚的需要产生，多见于皇宫建筑和大型建筑。“月台”的特点是其高度普遍低于主体建筑的台基，通常其长度也小于前者。为了方便上下，一般在“月台”的正面或左右两侧设有踏跺。[18]

高约0.9米，较台基顶部低约0.2米，北边与台基南边等宽，南边宽14.6米，南北边间距5.1米（图三）。大修后的台基和月台明显改善了台基低矮局促的面貌。月

台南侧中央还新建了踏跺，也就是我们现在所说的台阶。

如果有朝一日，您亲自前往参观南禅寺大殿，记得要顺着台基绕到大殿的后面看一看，那里还放着一个石夯具。夯具下大上小，略呈台体，上面有錾刻的条纹，还穿插着 2 根木棍，黄土就是在它一次次抬起、落下中夯打结实的。这个石夯具十分沉重，仅靠一个人是难以搬动的，当年夯打时也需要多人配合。至于到底需要多少人，您可以猜一猜，南禅寺的管理人员会告诉您正确答案（图四）。

用黄土夯筑台基有明显的好处，但也会带来相应的问题，最主要的天敌是风、雨、地下水等，导致裂隙、剥离、酥碱、掏蚀等病害[19]，进而危及整座台基的稳定。因此，夯土台基常用砖石包砌，周围还要设置散水和排水渠道，这样不仅可以加强保护，而且可以增加美观。砖、石等材料在中国古代台基中的应用，在某些方面近似今天的“贴面材料”，而不是“支撑材料”。唐代最宏伟、壮丽的宫殿之一大明宫含元殿，在《雍录》等文献中记载，“含元殿前玉阶三级”[20]，华美高贵应该不亚于故宫太和殿的三层汉白玉台基，遗留至今的只剩一个规模宏伟的夯土台基。

南禅寺大殿的台基侧面用青砖错缝平砌，顶面用方砖铺墁，

图三 — 图四

图三 南禅寺大殿月台（自摄）

图四 南禅寺石夯具（自摄）

侧面与顶面交接处用条石压阑，台明四边还用方砖和条砖铺砌散水，形成对夯土台基周全、妥善的保护。包砖、散水的垒砌方式都借鉴了勘查发掘时发现的早期遗迹。

围绕南禅寺大殿的台基，我们已经谈了不少，最后还有必要把它与我国其他唐代木构建筑的台基做个横向对比，以便更好地发挥南禅寺“入门教材”的作用。

需要强调的是，现存的唐代建筑都经过多次维修，台基存在后代改动的可能，甚至可以说后代不加以改动是不太可能的，所以下文仅就现状进行描述，引发关注与思考，不做深入讨论。

4 座建筑的台基均为方直台基。除佛光寺东大殿的台基四壁

表 1　唐代木构建筑台基数据一览表　（单位：米、平方米）

名称	台基长度	台基宽度	长宽比	台基面积	台基高度
南禅寺大殿	15.25	13.90	1.10:1	212	1.10
佛光寺东大殿 [21]	40.42	23.57	1.72:1	952	0.90
广仁王庙大殿 [22]	14.08	7.52	1.87:1	106	1.35
开元寺钟楼 [23]	12.96	12.96	1.00:1	168	0.60

南禅寺大殿的长度数据是南北壁长度的平均值，宽度数据是南北壁的直线间距。大殿维修前的长度为 13.85 米、宽度为 12.80 米，长宽比为 1.08:1，台基面积 177 平方米，高度 0.5 米。

佛光寺东大殿的长度数据是东西壁长度的平均值，宽度数据是南北壁长度的平均值。

用石块包砌外，其他 3 座都用砖块包砌，顶部一般铺墁小方砖，间有条砖。从包砌材料的角度来说，佛光寺东大殿的台基最讲究。

台基的高度以广仁王庙大殿最高，开元寺钟楼最低。佛光寺东大殿规模最大，但台基并不算高，里面有其特殊原因，解读佛光寺时再谈。

台基的平面形状大致可以分为长方形和方形，前者包括佛光寺东大殿和广仁王庙大殿，长宽比在 1.8∶1 左右；后者包括南禅寺大殿和开元寺钟楼。台基面积最大的当然是佛光寺东大殿，最小的是广仁王庙大殿。广仁王庙大殿的开间数比南禅寺大殿和开元寺钟楼各多二间，台基面积却最小，是个挺有意思的现象。

佛光寺东大殿和广仁王庙大殿未发现月台，开元寺钟楼在维修前存在月台，顶部比台基顶部低 0.2 米，宽度与台基相同，与南禅寺的月台有相似之处，但是在后期维修时扩展了台基，月台未予保留。

二、梁架

梁架，或者说“木构架”“木构系统”，是中国古代建筑体系最显著、最独特、最重要的特征。

显著者，国内外建筑学者概括中国古代建筑的特征时，首先想到的往往是它。著名建筑学家刘敦桢先生总结过中国古代建筑的特征，第一条是“结构”，具体来说，“中国古代建筑以木构架结构为主要的结构方式”[24]。梁思成先生也有类似的总结，第一条是“以木料为主要构材”，并且专门强调，“唐宋少数遗物在结构上造诣之精，实积千余年之工程经验，所产生之最高美术风格也”[25]。

独特者，在世界范围内，只有以中国为中心的东亚地区发展起了成熟而完善的木构架系统。林徽因先生早在 90 年前就已经总结过，“中国建筑为东方最显著的独立系统，渊源深远，而演进程序简纯，历代继承，线索不紊，而基本结构上又绝未因受外来影响致激起复杂变化者”[26]。

重要者，木构建筑对中国文化以及中国人民的价值和意义，早已超越了建筑本身。还是梁思成先生说得好，“数千年来无遽变之迹、渗杂之象，一贯以其独特纯粹之木构系统，随我民族足迹所至，树立文化表态，都会、边疆，无论其为一郡之雄，或一村之僻，其大小建置，或为我国人民居处之所托，或为我政治、宗教、国防、经济之所系，上自文化精神之重，下至服饰、车马、工艺、器用之细，无不与之息息相关”[27]。

总而言之，“中国的木结构建筑是中国人经历了长期的实践，经过详加分析和比较，最后选择和确认下来的一种建筑形式”[28]。想要更好地理解这一点，我们至少需要回答两个问题。

为何选择木料？

如何使用木料？

我们的回答将结合南禅寺展开。

先说说为何选择木料。

如果和世界其他地区、其他文明做个横向对比，与建于距今约 4500 年前的埃及胡夫金字塔、约 2400 年前的雅典卫城帕台农神庙、约 1900 年前的罗马万神庙以及约 1500 年前的君士坦丁堡圣索菲亚大教堂相比，南禅寺大殿的时代明显偏晚。如果沿中华文明的历史长河做个纵向观察，从夏代至今大约是 4 个千纪。我国现存古代木构建筑按时间和数量分布可以画成一座金字塔，“塔”的绝大部分属于第 4 个千纪，以南禅寺为顶端的塔尖勉强“刺”入第 3 个千纪。原因何在？问题不在于南禅寺，它是来自唐代的珍贵遗赠；也不在于木构架，它的出现已经可以追溯到数千年前的新石器时代甚至更早。问题在于木料本身，面对天灾人祸时，更为脆弱，更易损毁。

那么我们为什么还要选择木料？简单地说，因为“够用”“好用”且“爱用”。

所谓“够用”，是指木料可以满足中国古代在建筑方面的基本需求。我国现存面积最大的单体建筑是故宫太和殿，建筑面积达 2377 平方米；现存最高的木构建筑是应县木塔，通高 67.31 米，历史上还存在过面积更大、高度更高的木构建筑。正如李允鉌先生所说，“在达到同一要求和效果的前提下，中国建筑是世界上最节省的建筑，换句话说，也是最经济的技术方案”；“政策是在‘满足最大限度的要求’和‘尽量节省人力、物力’的矛盾下制订出来的，这种矛盾就迫使在技术上想办法加以解决。

中国人之所以放弃发展永久性、纪念性的砖石结构建筑，专注发展混合构造的木结构，相信这就是解决这一矛盾的一个办法”[29]。基于“不求原物长存之观念”，务实地选择了木料，“未尝患原物之久暂，无使其永不残破之野心”[30]，可以算是一种生存智慧。

所谓“好用”，著名建筑学家潘谷西先生的概括比较全面，“木架建筑如此长期、广泛地被作为一种主流建筑类型加以使用，必然有其内在优势。这些优势大致是:（1）取材方便；（2）适应性强；（3）有较强的抗震性能；（4）施工速度快；（5）便于修缮、搬迁”[31]。取材方面，木料在我国的大部分地区都容易获取，石料则不然，选用木料大大节省了取材和运输的劳役。适应性方面，木构建筑可以广泛适应从寒冷到炎热的各种气候条件，建筑组群以“栋”为单位，便于灵活组合；建筑内部以“间”为单位，可以灵活分隔。抗震性方面，这是木料的天然优势。施工和修缮方面，中国古代建筑以类似今天拼插玩具的方式建造，很多构件可以同时加工，批量生产，组装后可以拆解，拆解后可以再组装，便于修缮和搬迁。

所谓“爱用”，超越了“够用”“好用”的现实层面，属于心理层面。当您用手触摸南禅寺大殿那久经沧桑的木柱时，内心是不是有一份亲切？当您在木构房屋和砖石房屋中做出选择时，会不会倾向于前者？在木构房屋中，每根木柱都被当作树木来安置，不仅不能本末倒置，甚至要将原本朝阳的一面转向阳面，柱网还原了林间。木柱下的夯土台基楔入大地，像是发达的根系，木柱上的宽广屋盖阻隔风雨，像是浓密的树冠，这样的居住环境生机盎然，生生不息，诗意栖居，足寄浮生。

再说说如何使用木料。

中国古代木构架有抬梁式、穿斗式及井干式等多种结构方式，其中，抬梁式是使用最普遍也最具代表性的结构方式。抬梁式结构方式，又称为“叠梁式”，主要特征“是纵横排列的柱子承托梁栿，梁栿以上的荷载，通过柱子传递到地面，柱子与柱子之间的联系，由主要梁栿承担。多道梁栿重叠，构成向上凸起的屋架”[32]，“用横向的枋联络柱的上端，并在各层梁头和脊瓜柱上安置若干与构架成直角的槫。这些槫上除排列椽子承载屋面重量以外，槫本身还有联系构架的作用”[33]。上述定义包含了很多概念，对相关知识缺少了解的读者恐怕一下子难以完全读懂，这说明大家遭遇了欣赏和学习古建筑的“知识门槛”，下文会对这些概念做逐一解释，帮大家越过这道“门槛”。

认识或者描述一座古建筑首先要确定方位，当我们面对一座古建筑的时候，进退就是进深方向，两侧就是面阔方向。南禅寺与中国大多数建筑物一样，坐北朝南，因此进深方向大致是南北方向，面阔方向大致是东西方向。有趣的是，在我国现存的唐代木构建筑中，坐北朝南却不是主流，只能与坐东朝西平分秋色，开元寺钟楼

4座唐代建筑中，南禅寺大殿和广仁王庙大殿是坐北朝南，佛光寺东大殿和开元寺钟楼是坐东朝西。

的朝向与它在建筑群中居于从属地位有关，佛光寺东大殿选择坐东朝西也有其特殊原因，我们将在解读佛光寺时详谈。

衡量一座建筑的规模，尺寸是今天首先会想到的标准，但在中国古代更常用的标准是“间”。“间”是中国传统木构架建筑的基本组成元素，它的出现和使用与柱网结构的完善和成熟密切相关，根据潘谷西先生的定

义，“‘间’是指相邻两缝（榀）梁柱构架之间的空间”[34]，一般用于衡量面阔，进深方向可以用“架”来表达（宋代以椽计架，清代以檩计架）。所谓“面阔几间”，一般可以通过面阔方向有几根柱子数出来，两柱一间。中国古代木构建筑的开间数一般是奇数，极少见偶数，也就是中心一间（称为“当心间”“明间”），两侧对称分布若干间（从“当心间”往外侧分别是“次间”“梢间”“尽间”等）。面阔间数与建筑规模和等级直接相关，所以在古代社会有着严格的规定，如《新唐书·车服志》载，“三品，堂五间九架，门三间五架；五品，堂五间七架，门三间两架；六品、七品，堂三间五架，庶人，四架，而门皆一间两架”，不能逾越等级使用更大的间架，否则就是“僭越”“违制”。我国现存古代建筑中开间最多的是故宫太和殿，面阔十一间，彰显了其唯我独尊的地位。根据考古学家的发掘和复原，唐代大明宫含元殿面阔达十三间（含副阶），可以算是中国古代大型宫殿建筑的“天花板”了。一座建筑内，各间的地位也有所不同，一般是突出当心间以及相邻几间，当心间的宽度一般要超过其余各间。

南禅寺大殿的前檐共有 4 根柱子，所以是面阔三间，通面宽（两侧木柱中心点的间距）11.75 米，当心间面宽（当心间两木柱中心点的间距）4.99 米，两次间面宽均为 3.38 米，明显窄于当心间。其他唐代木构建筑中，开元寺钟楼同样是面阔三间，虽然间数相同，尺寸却相差不少，通面宽 8.85 米，当心间面宽 3.55 米。广仁王庙大殿面阔五间，虽然开间数多于南禅寺，尺寸反而更小，通面宽只有 11.47 米，当心间面宽不过 2.95 米。佛光寺东大殿面阔七间，通面宽 33.98 米，当心间面宽 5.04 米，规

佛光寺东大殿的特殊之处在于中间五间的面宽相等，均为 5.04 米，两尽间面宽均为 4.4 米。

制和等级明显高于其他三座建筑。

面阔间数多的建筑为什么在尺寸上反而小于间数少的建筑？原因之一应该是用“材”不同。“材”在中国古代建筑的设计与施工中发挥着关键作用，正如《营造法式》所载：“凡构屋之制，皆以材为祖；材有八等，度屋之大小，因而用之。各以其材之广，分为十五分，以十分为其厚。凡屋宇之高深，名物之短长，曲直举折之势，规矩绳墨之宜，皆以所用材之分，以为制度焉。”

根据相关研究成果，对照北宋《营造法式》规定的“八等材”，南禅寺大殿所用约合二等材[35]，广仁王庙大殿所用接近五等材[36]，至于佛光寺东大殿所用，甚至超过了一等材。我们在前文曾把南禅寺称为“乡野寺庙”，从用材的角度看，这座寺庙恐怕并不算普通，在面阔间数相同的建筑中，它规格偏高，与北宋乃至更晚的建筑比，它用材豪横。

梁思成先生曾经总结，“在技艺上，经过最艰巨的努力，最繁复的演变，登峰造极，在科学、美学两层条件下最成功的，却是支承那屋顶的柱梁部分，也就是那全部木造的骨架”[37]。上面进行了一些总体性介绍，下面开始具体介绍抬梁式“木造的骨架”的基本构件——柱、梁、枋、檩（即“槫”）、椽以及铺作（即“斗栱”）等。

柱

柱是垂直承受上部荷载的构件，在抬梁式和穿斗式结构中都是不可或缺的重要构件。砖石建筑中，墙体需要同时负担承重

井干式结构是由木料堆叠成的墙体承重，与抬梁式和穿斗式区别明显。

和围护两大功能。木构建筑中，柱在承重方面发挥完全作用，这就使得墙体可以不参与承重，实现了承重与围护的相对独立，因此墙体是否使用和如何使用都有远超砖石建筑的自由度。有句俗语说“墙倒屋不塌”，描述的就是木构架的这一特点。比如南禅寺大殿，从理论上来讲，拆除每面墙体以及门、窗等之后，它的承重结构不会遭到破坏，也就是说即便把大殿改成一个凉亭，它的力学结构也可以保持稳定。

柱子根据位置、作用等的不同有很多种类，比较重要的有：檐柱，位于建筑物最外一列的柱子，主要承载屋檐部分的重量；内柱，也称为“金柱”，位于檐柱以内的柱子（位于中线的柱子除外），主要承载檐头以上屋面的重量；中柱，位于建筑物中线上，顶着屋脊的柱子（山墙内的柱子除外）；山柱，位于建筑物山墙之中的中柱等[38]。此外，宋代建筑术语中还有“角柱”和“平柱”的区分，角柱就是位于柱网转角处的柱子，平柱是“除角柱外的前后檐柱子”[39]。

南禅寺大殿的柱网十分简洁（图五），殿内无内柱、

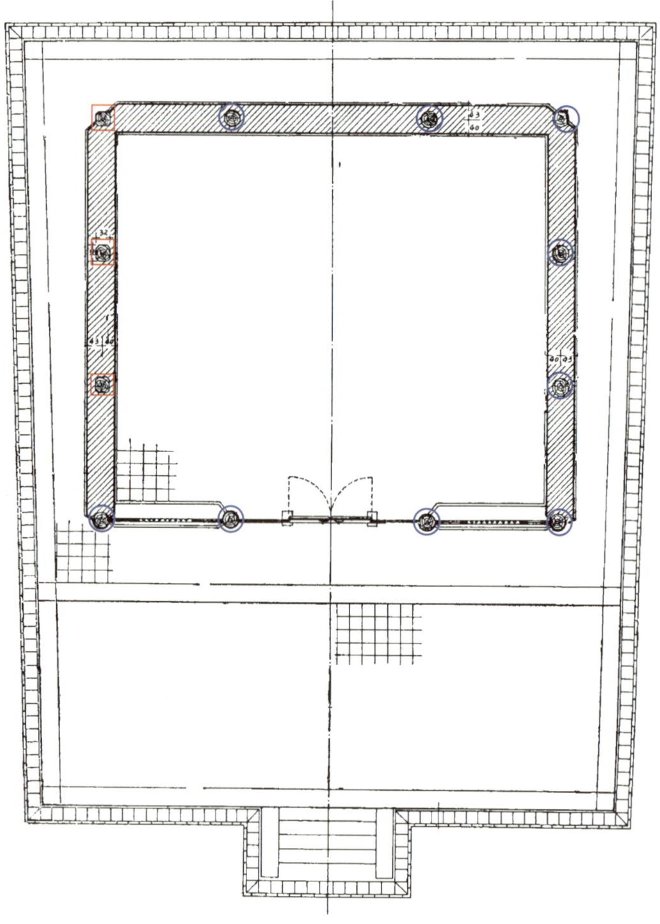

图五 南禅寺大殿平面图（山西省文物局）

注：
用“□”圆标的为方形柱，共3根。
用“○”圆标的为圆形柱，共9根。

中柱等，所有柱子均为檐柱，前、后檐各 4 根，两侧山面各加 2 根，共计 12 根，除了前檐当心间和四角的柱子露明或部分露明外，其余各柱都被墙体包裹。现存其他唐代木构建筑中，开元寺钟楼和广仁王庙大殿的所有檐柱、佛光寺东大殿除前檐以外的其他檐柱也大都被包入墙体，这种做法可以加强对木柱的保护。

看到这样的柱网，您可能会觉得奇怪，不用中柱的话如何支撑屋脊呢？脊槫的支撑方式大体有三种，一种是只用叉手，流行于唐代及以前；第二种是兼用叉手和蜀柱，在唐代以后开始流行；第三种是只用蜀柱，明清时期较为流行。“叉手”的概念我们下文再详说，所谓“蜀柱”，也称为“侏儒柱”，是平梁以上支撑脊槫的矮柱。因为梁的使用，这根应该落地的中柱变成了置于梁背（也

上文曾提到“脊瓜柱”的概念，属于清式建筑术语。“瓜柱”一般是指“处在各架梁的上皮，用于支顶上层梁的承重构件”，“脊瓜柱”位于三架梁之上，支撑脊枋或脊檩，作用与刚刚介绍的“蜀柱”相同。[40]

称“上皮”）的矮柱。南禅寺大殿在发现时存在“蜀柱”这个构件，这与我们刚刚提到的一般认识相矛盾，研究者当时就认为，“这一组构件，在最早勘察时已发现它的式样与制作手法，同殿内其他构件并不一致”，在对大殿进行维修时，随着屋盖瓦件、泥背等被移除，梁架负荷随之减轻，“这一组构件自动脱离，整体梁架仍然支撑不动”，因此可以肯定蜀柱等“是后代增加的”，所以在修复时予以取消，未加复原[41]。现在去南禅寺大殿参观，已经看不到蜀柱这个构件，只有在早期的图纸、照片中能看到它的痕迹。

根据断面形状，柱可以分为圆柱、方柱等。南禅寺大殿的12根木柱中，9根是圆柱，3根是抹楞方柱（30×36厘米），后者均位于西墙，2根被墙体包裹，只有西北角的1根可以看到（图六）。木料断面接近圆形，加工成圆柱显然比方柱省时省工，在现存木柱中极少见方柱，所以研究者一致认为，这3根方柱

现存唐代木构建筑中，除南禅寺大殿的3根方柱以外，大部分是圆柱，比较特殊的是开元寺钟楼下檐的檐柱，埋在墙体内的部分为八边形断面，大面宽0.28米、小面宽0.15米，高出墙体的部分被修整为圆形断面。[42]

图六
南禅寺大殿西北角方柱（自摄）

应比圆柱更为古老。至于有多古老，目前还有争议，有学者认为比大殿建中三年“重修”更早，可能是唐代早期甚至更早；也有学者认为，大殿圆柱上有宋政和元年（1111）的游人题记，方柱应不晚于这一年。无论哪种意见，有一点可以肯定，这 3 根方柱相当结实可靠，所以才在历次大修中得以保留，延用至今。大家如果有朝一日去南禅寺参观，一定要仔细看看西北角的方木柱。它亭然卓立，外表苍古，条条裂纹，深可及骨，屡经修补，仍堪重负，犹如遒劲老松，历久弥坚。它应该是我国“服役”时间最长的一根木柱了，木料独有的柔韧在千载光阴的浸润中升华成了坚韧。

为了增加木架构的稳定性和凝聚力，中国古代建筑在立柱时还有“侧脚”和“生起”的做法。所谓“侧脚”，据《营造法式》载，“凡立柱，并令柱首微收向内，柱脚微出向外，谓之侧脚”。所谓“生起”，《营造法式》中也有记载，“至角则随间数生起角柱。……七间生高六寸；五间生高四寸；三间生高二寸”。根据测量，南禅寺大殿的柱子有5—7厘米的侧脚，3—6厘米的生起。类似的做法也见于现存的其他唐代木构建筑中，所以它们的檐口从正面看都呈现优美舒缓的反曲形，这是中国古代建筑的外观特征之一。

中国古代建筑中的木柱很早就采取大体合乎力学要求的1∶10左右的柱径与柱高之比，唐代的柱子较为粗壮，比值多在1∶8至1∶9之间。南禅寺大殿当心间前檐柱的根径为0.42米，高3.84米，比值为1∶9.1；开元寺钟楼下檐檐柱的比值为1∶9.04；佛光寺东大殿前檐檐柱的比值约为1∶8.5—1∶8.9之间，最为粗壮，这几个例子都符合唐代建筑的一般特点，比较特殊的是广仁王庙大殿，比值为 1∶10.29，柱子比较纤细[43]。

柱础，也称作“柱顶石”，多为石质，主要作用在于增加柱的稳定性，阻断地面潮湿对木柱的影响等。现存唐代木构建筑所用柱础主要有二类，第一类柱础完全埋嵌在台基之中，顶面与地面齐平，比如南禅寺大殿的 12 个柱础（图七），与其余几座唐代木构建筑相比是最“任性”的，均由青石制成，形状各异，尺寸一般在 0.6—0.7 米之间，最宽可达 0.82 米，最窄只有 0.53 米，厚薄不一，多在 0.19—0.22 米之间，加工粗糙，多个柱础的顶面未加整平，均未凿制容纳木柱凸榫的卯眼（也称“海眼”）。第二类柱础的顶面高出地面，高出部分多做覆盆状，比如佛光寺东大殿前檐的柱础，覆盆部分雕刻精美华丽的重瓣宝装莲花，具有很强的装饰性。这两类柱础的用法，目前所见共有两种：第一种是只用第一类柱础，例如南禅寺大殿和广仁王庙大殿。第二种是并用两类柱础，第二类柱础一般用在建筑相对显眼和重要的位置，比如佛光寺东大殿，前檐用的都是第二类柱础，其余则是第一

图七

南禅寺大殿柱础（自摄）

类柱础；比如开元寺钟楼，在当心间檐柱和内柱使用了第二类柱础。

梁

梁，也称为“栿”，是抬梁式木构架的关键构件之一，它的有无是抬梁式与其他结构方式的主要区别。上文曾经说过，抬梁式是中国古代使用最普遍也最具代表性的结构方式，能够从三种结构方式中脱颖而出，说明它具有更多的优点。

井干式结构（图八），用天然圆木或方形、矩形、六角形断面的木材，层层累叠，构成房屋的壁体[44]，是一种历史悠久、技术简单、稳固可靠的结构方式。这种结构以木墙承重，自然不具备抬梁式和穿斗式以柱承重带来的一系列优势，而且还会大量消耗木料，所以它虽然在中国古代建筑的早期发展中扮演过重要角色，但此后主要分布于林木资源相对丰富的东北和西南地区。南禅寺大殿等唐代建筑上能看到一些井干式结构的遗痕，我们在下文会谈到。

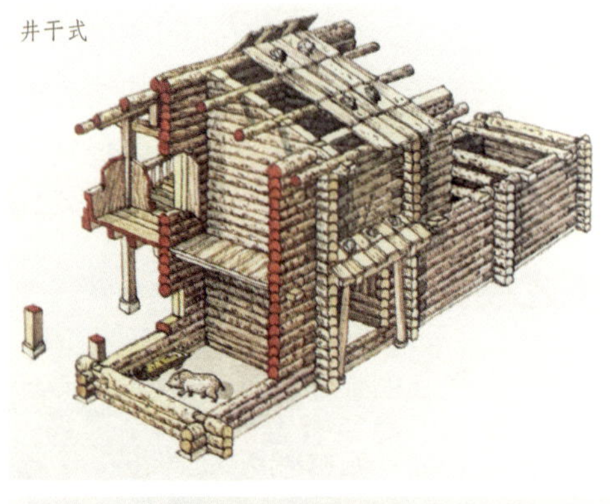

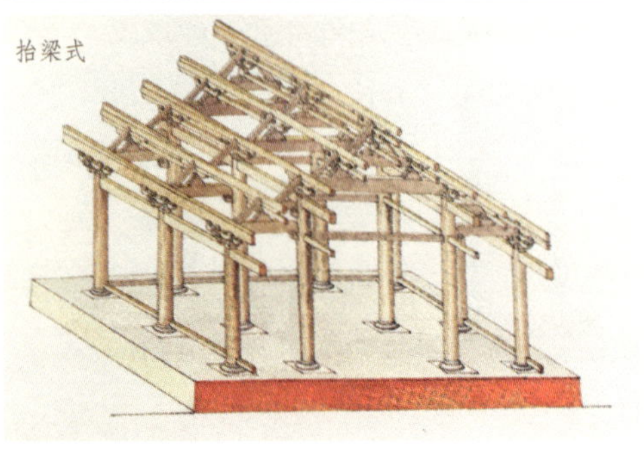

图八

中国古建筑结构方式（王其钧《中国建筑图解词典》）

穿斗式结构（见图八），与抬梁式一样沿着房屋进深方向立柱，但柱的间距较密，柱直接承受檩的重量，不用架空的抬梁，而以数层“穿”贯通各柱，组成一组组的构架[45]。这种结构用料较省，但是承载力不足，难以修建规模较大的建筑，而且用柱较多，使得室内空间被分割得十分破碎，严重限制了建筑的实用性，因此在中国古代多见于对用料敏感、对规模没有很高要求的民居。想要克服穿斗式结构的不足，就必须解决一个十分棘手的问题——在不减损建筑承载力的前提下，如何减少柱的数量。解决思路当然不能走井干式的“回头路”，也不能单纯诉诸用料的增加，主要应该考虑结构的优化。为了承托屋顶，檩、枋的数量无法减少，每条檩、枋需要相应的支撑，柱子的数量也难以减少，那么唯一的办法只能是减少柱子落地，“梁”应运而生。

两根柱上方增加一根梁，梁以上承托檩、枋的柱就不需要落地，落在梁上即可，就好像两个人抬了一根扁担，扁担包揽了上部荷载，所以称为“抬梁式”；随着屋顶的升高，一层梁是不够的，较长的梁上面还要层叠较短的梁，所以也称为“叠梁式”。“抬梁式”结构会在一定程度上增加用料，但换来了建筑规模的进一步扩大，尤其是可以获得较为完整的室内空间，满足了礼仪、宗教活动等在空间方面的需求，因此它的应用范围最为广泛。领会了“抬梁式”的妙处，我们就不得不佩服古代工匠的空间想象力，他们立体地解决了平面的问题。

“抬梁式”结构（见图八）的优点在南禅寺大殿体现得十分明显。大殿的室内面积约 110 平方米，其间没有一根柱子，没有一堵承重墙，即便在今天也值得赞叹。佛坛占据了约一半的

南禅寺大殿在 20 世纪 70 年代维修时，对当心间两根大梁进行过力学计算，仍可以继续负担建筑荷重，但为了确保安全，在大梁下各增加了前、后 2 根钢管柱支撑，1975 年 6 月将靠前的 2 根钢管柱取消，靠后的 2 根保留至今。

室内面积（图九），如果不使用抬梁式结构，可能会有 6 根柱子落在佛坛上，像设的完整性将会受到严重影响。

南禅寺大殿用梁的种类较多，主要包括四椽栿、缴背、平梁、丁栿、斜栿、角梁、闟（音 qì）头梁等（图一〇）。

四椽栿，是指“承载四架椽的梁栿”[46]，大殿内共 2 根，位于当心间前、后檐柱之间，承担了建筑上部的大部分荷载，

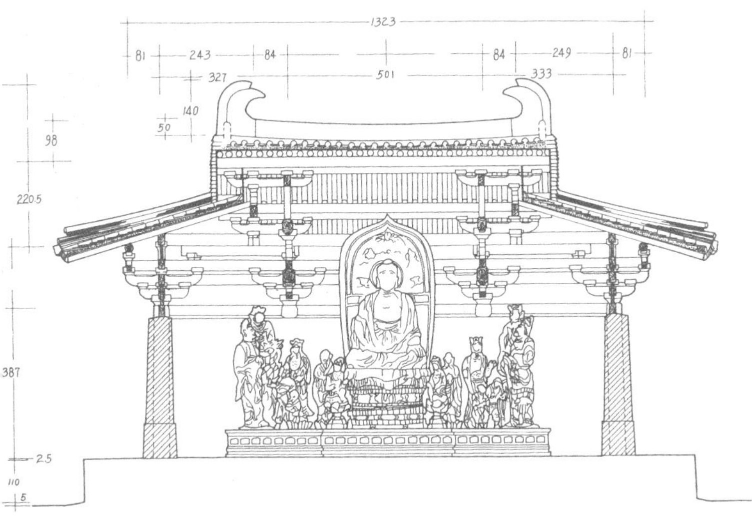

图九 南禅寺大殿横剖图（山西省文物局）

图一〇 南禅寺大殿梁架（自摄）

在所有梁栿中最为粗壮。大殿的总体式样为“四架椽屋通檐用二柱”，核心构件就是这 2 根四椽栿。它们在大殿所用梁栿中用料最大、跨度最长，进入大殿一抬头就能注意到它们。根据 20 世纪 70 年代的测算结果，每根四椽栿的荷载为 10.271 吨，可谓“劳苦功高”。它们的“最长”不仅限于南禅寺大殿。其他唐代木构建筑中，开元寺钟楼和广仁王庙的体量都小于南禅寺，所以难有更长的梁材。可资一比的只是佛光寺东大殿，东大殿通进深 17.34 米，大于南禅寺大殿（通进深 10 米），从横断面图观察，最长的梁栿应该是草栿层的四椽栿，跨度

草栿层和明栿层四椽栿的跨度基本相等，但明栿层四椽栿的净跨度较小，所以举草栿层四椽栿为例。

8.82 米，比南禅寺四椽栿（跨度 9.9 米）短了 1 米多，即便比较通长、净跨度等，也都是南禅寺更胜一筹，所以南禅寺大殿的四椽栿堪称“唐代第一长梁”。南禅寺大殿给我们的总体印象是“小”，但在不少细节上却显得一点都不小，前面曾提到它的用材等级，这里提到了梁栿长度，下文还会提到其他一些，这些反差，或者说

矛盾在告诉我们什么？——是南禅寺其实没有我们第一印象那么僻远狭小，还是唐代建筑的雄浑壮硕超出了我们的想象？这些问题还需要继续探讨……

勇挑大梁往往意味着勇担重任，古代工匠充分考虑到了这一点，所以在四椽栿背上加了一道复梁，它的长度与四椽栿基本相当，用材略小，主要发挥辅助梁栿承托上部重量的作用[47]，这个构件被称为“缴背”。这2根缴背在南禅寺被发现时已经不是整材，改成了多段相接，难以发挥辅助承托的实际作用，所以在20世纪70年代维修时，不仅对它们进行了替换，而且通过胶粘铁箍把它们与四椽栿连接成了一个密不可分的整体。

平梁，即“二椽栿”，也就是承载二架椽的梁栿，大殿内共2根，叠置在四椽栿上方。这里有必要介绍一下，缴背与平梁之间以及平梁之上的支撑结构，缴背和平梁之间主要有“驼峰”和“托脚”，平梁之上主要有“叉手”。

所谓“驼峰”，“其作用为支垫上层梁栿，因其形状酷似骆驼的背峰，故名‘驼峰’”[48]。每根缴背上置2个驼峰，承托平梁的两端。它们形如其名，大家在考察时应该很容易辨认出来。

所谓“托脚”，“安于平梁以下的各梁栿之间”，“起着支撑固定槫木和改善构件受力状况的作用”[49]，每个驼峰旁都斜置 1 根托脚。

所谓“叉手”，是“在平梁梁头之上到脊槫之间斜置的构件，其功能是稳固脊槫，防止滚动”[50]。叉手与我们之前提到的蜀柱有一定关系，在此不再赘述。只用叉手而不用蜀柱等支撑屋顶的做法，是公认的唐代建筑特征之一，以佛光寺东大殿的大叉手最为典型和有名。东大殿的大叉手隐藏在平闇（音 àn）之上，难以一睹真容；南禅寺的叉手虽然经过复原，但是理据可靠，是了解这一做法的直观参考；另外一座唐代木构建筑广仁王庙大殿，至今保持了发现时并用叉手、蜀柱的样貌，未加后期干预。3 座建筑的脊槫支撑各有特色，各有千秋，

开元寺钟楼只保留了下檐结构，脊槫支撑情况无从考证。

对比观摩，值得玩味。

丁栿，清式建筑术语中称为“顺扒梁”，大殿山面的 4 根檐柱上方各 1 根，前端伸出外檐，后尾搭在四椽栿背上，与缴背属于同一个水平层面（图一一）。它的

走向与四椽栿、缴背等的进深方向不同，而是面阔方向，所以与它们丁字形相交，因此得名“丁栿”，作用主要是承托山面的屋面荷载，加强山面梁架的结构强度。在比丁栿、缴背更高的水平层面上还有一个比较重要的构件——斜栿，它一端搭在

也有学者称为“斜劄牵”“角乳栿”等。[51] 乳栿通常横跨二椽，劄牵横跨一椽。

转角铺作上，一端搭在缴背上，与丁栿、四椽栿的夹角基本都是45°，总共4根。因为它只是搭在转角铺作上，难以发挥联系作用，所以主要作用是承托，它的背上置夹际柱子，柱子支撑着令栱以及

夹际柱子，“在两山丁栿之上‘随梁’设置的，用于支撑上部山花出际榑梢重荷的短柱”。[52]

其上的平榑。这段平榑之上支撑着南禅寺所有梁栿中位置最高的——閤头梁，清式建筑术语中称为“踩步金梁”，作用是承托

閤头梁也有学者称为“承椽枋”或“山面出厦的平梁”。平梁上承平榑，平榑上承閤头梁，因此它的位置在梁中最高。[53]

固定山面檐椽尾部，共2根。斜栿正上方还有一个构件叫作“大角梁”，清式建筑术语称为“老角梁”，是建筑翼角的组成部分，它一端搭在平榑之上，一端由转角铺作承托，伸出外檐。

图一一

南禅寺大殿丁栿和东北角斜栿（杨晓芳摄）

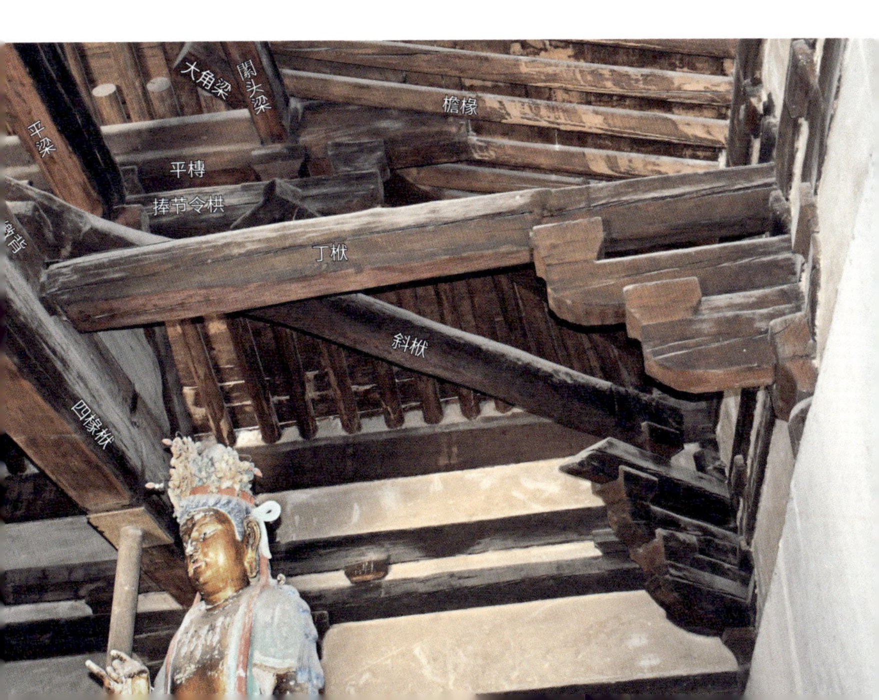

梁按照形制可以分为直梁和月梁。“直梁”是指外观平直的梁栿。“月梁”是一种经过艺术加工的梁栿，它的特点是梁身拱起，形如月牙，两端各在梁底、梁背、梁肩做卷杀，梁身两侧及底面有琴面，梁头成斜项与材同宽，伸入铺作[54]，最典型的唐代月梁见于佛光寺东大殿。有学者认为，南禅寺大殿的四椽栿和平梁属于月梁，还有学者认为丁栿、斜栿等也都属于月梁，理由在于上述梁栿“底面削薄”[55]。从月梁的上述特点中，可以总结出3条判断标准：首先是整体做弓形，其次是梁首、尾要做卷杀等处理，最后是梁首、尾的厚度要变薄。“底面削薄”并不是月梁最重要的特征。南禅寺大殿所用梁栿中，大致符合上述标准的只有四椽栿，称它们为“月梁”是勉强可以的，平梁、丁栿、斜栿等只能符合一或二条标准，不宜称为月梁，只能说局部采用了“月梁造”。

值得注意的是，大殿西北角的斜栿使用了一根自然弯曲的木料（图一二）。唐代现存建筑中所用木料大都比较规整，弯材到了元代才在古建筑中大量出现，大殿所用这根弯材如果不是后世维修替换的，应该就是中国现存最早的了。

梁按位置和加工程度可以分为明栿和草栿，“明栿是露在外面，由下面可以看见的梁栿，是与草栿（隐藏在平闇、平棊之上未经细加工的梁栿）相对的名称”[56]。南禅寺大殿内未设置平闇、平棊等类似今天“吊顶”的结构，因此也就没有“草栿”（图一三）。这种我们站在殿内，可以仰见梁栿、槫、椽的做法叫作“彻上明造”，也叫作“露明造”。在现存唐代建筑中，除了南禅寺大殿，广仁王庙大殿采用的也是“彻上明造”。

明栿层的梁架在信众观者眼中一览无遗，为了美观就需要进行美化，使用月梁是重要的美化手段之一。南禅寺大殿虽然不像佛光寺东大殿那样大量使用月梁，但在梁栿上或多或少地应用了月梁的做法，类似的做法还见于广仁王庙。“爱美之心，人皆有之”，建筑亦然。佛光寺东大殿的大叉手最为典型，而且未经后世改动，原因在于它隐藏在平闇之上，属于草栿层，不会影响观瞻，才使得这种在五代以后看来缺乏稳定性的结构成为“漏网之鱼”，没有像南禅寺大殿、广仁王庙大殿那样被添加蜀柱等。

北宋《营造法式》对梁的广厚有明确记载，“凡梁

图一二　南禅寺大殿西北角斜栿（自摄）

图一三　南禅寺大殿彻上明造（自摄）

图一二—图一三

之大小，各随其广分为三分，以二分为厚”。南禅寺大殿的四椽栿高（即《营造法式》所谓“广”）0.42、厚0.32米，高厚比是3∶2.3；平梁高0.35、厚0.25米，高厚比是3 ∶ 2.2，与上述记载基本相符。佛光寺东大殿的明栿四椽栿高0.60、厚0.44米，高厚比是3∶2.2；草栿四椽栿高0.60、厚0.40米，高厚比是3∶2；明栿乳栿高0.53、厚0.34米，高厚比是3∶1.92[57]，比例也与《营造法式》的记载接近，说明这一记载可能是对唐代以来习惯做法的总结。

枋与槫

俯视一座建筑的平面（《营造法式》所谓“地盘”），柱是一个个点，梁主要是这些点在进深方向的连线，想要成为牢固、完整的框架结构，还需要面阔方向的联系，扮演这个角色的构件主要是枋和槫——“方木曰枋，圆木曰槫，槫在明清时叫檩、桁”[58]。

枋，也称为“枋子”，在北宋《营造法式》中经常写作“方”，它的断面呈矩形，主要发挥辅助和稳定柱、梁的作用。清代建筑中，枋、桁（檩）常伴随使用，但在南禅寺大殿中用槫多不随枋，所以枋的位置比较单一、种类相对有限，主要有阑额、柱头枋、压槽枋等（图一四）。

所谓“阑额”，清式建筑术语称为“额枋”，是指用于建筑物檐柱柱头间横向联系的构件。南禅寺大殿的12根檐柱之间均用阑额联系，阑额以直榫插入柱头，至角柱不出头，这是早期建筑的特征之一。在五代时期建筑中，阑额和柱头之上开始出现一个叫“普拍枋”的构件，它板状，平置，与阑额的断面呈“丁”字形，在五代以后的建筑中颇为常见。南禅寺大殿不仅不设普拍枋，也没有如北宋《营造法式》所载在阑额之下添加由额等，整个结构显示出早期木构建筑简单、精练的风貌。

柱头铺作的泥道栱之上承托上、下二层柱头枋，再之上承托压槽枋。所谓“柱头枋”，清式建筑术语称为“正心枋”，是“素枋”的一种，位于阑额的正上方，居于铺作的正心位置，作用是连接柱头、补间及转角铺作等。所谓“压槽枋”，位于柱头枋正上方，同样压在柱的中线上，中线也称“槽”，所以叫作压槽枋。

潘谷西先生指出，“槽即柱列及其上的铺作或铺作之中心线”。[59]

图一四

南禅寺大殿柱头铺作（自摄）

上、下柱头枋之间用散斗承托，上柱头枋与压槽枋之间用驼峰、皿板和散斗承托。“皿板”是“铺作中栌斗底的垫板”[60]，是一种非常古老的构件，在四川地区汉代崖墓、山西大同云冈石窟中可以看到它的身影，实物除南禅寺大殿外几乎不见于其他木构建筑，具有十分重要的价值。

上述3种枋均位于檐柱的中心线，也就是“槽”上，体现了当时建筑设计与施工中对“槽”的重视。这不是仅见于南禅寺大殿的特殊现象，现存其他唐代建筑也具备“唯槽用枋”的特点。广仁王庙大殿与南禅寺大殿一样只用檐柱，即只有一周外槽，所以枋在平面上连成“口”字形。佛光寺东大殿和开元寺钟楼使用了檐柱和内柱，有内、外槽各一周，枋在平面上连成了“回”字形。一根根木柱，一朵朵铺作都是相对独立的构件或构件单元，所以需要由枋周圈相连成一道道“箍”，把它们拥揽在一起，避免解体和错位。南禅寺大殿的柱头枋和压槽枋共3层相叠，佛光寺东大殿内槽上仅柱头枋就堆叠了5层，这种方木层叠的结构很容易使人联想起井干式结构，前文所说“南禅寺大殿等唐代建筑上能看到一些井干式结构的遗痕”，意即在此。

枋在南禅寺大殿的主要作用是确定了骨干框架，在框架内外

增加面阔方向联系的任务主要是由“槫”来完成。槫，清式建筑术语称为“桁”或“檩”，主要作用是横向与

△

槫在北宋《营造法式》的记载中，属于“栋”其中一种。“桁”与“檩”名称不同，功能相同，在带斗栱的大式建筑中，一般称作“桁”，在无斗栱的大式建筑或小式建筑中，一般称作“檩”。

梁栿相交，联接梁架，向上承托椽子、望板等，构成屋盖。槫是木构架的重要构件之一，它随梁举架，构成屋面曲线，根据相对位置等可以分为较多种类，在南禅寺大殿主要有撩风槫、平槫、脊槫等。

所谓“撩风槫”，也称为“撩檐槫”“檐槫”，清式建筑术语称为“挑檐桁”，处在令栱之上，其上承挑屋檐，是构成屋檐举折的最下端的槫。当我们站在大殿前面，很容易找到出檐的一根根椽子，承托它们的面阔方向的圆木就是撩风槫。撩风槫长随间广，所以大殿正面的撩风槫看似一道，实则三段，接缝一般位于齐心斗上方，正中一段与当心间宽度等长，左、右二段因为要承托转角屋面，稍微向外延长，与山面的撩风槫十字搭交。在撩风槫和令栱之间，可以看到一截短木，它的名称叫

作“替木”。槫的断面为圆形，斗的栱口为方形，替木下方上凹，

替木，“宋代木构件名称。位于槫缝下、跳头上承托槫枋的长条形构件，与上部槫枋多实拍相合”。[61]

随方就圆，起到连接承托的作用（见图一四）。值得注意的是，南禅寺大殿的平槫和脊槫都未使用替木，为了方便和令栱咬合，只好放弃槫通常的圆形断面，把下半部分加工成方形。至于不用替木的原因，应该在于平槫和脊槫都是整材，不像撩风槫那样存在接缝，需要替木加以辅助维护。可以对比的例子是广仁王庙大殿，它的脊槫和平槫不是整材，接缝处就使用了替木。

所谓“平槫”，清式建筑术语称为“金桁（檩）”，是脊槫和撩风槫之间各槫的通称，按其所处位置的不同，可细分为上平槫（上靠脊槫）、中平槫（位置居中）和下平槫（下近撩风槫）等。对照上述细分的话，南禅寺大殿的平槫应该是上平槫，但是大殿内只此一种平槫，所以径称“平槫”。（见图一〇）大殿前后2根平槫架在平梁两端，因为还需要承托山面屋面，它们的两端都伸到了平梁以外（所谓“出际”），承托阑头梁、大角梁等构件，

出际，可以指屋顶部分或做法，此处特指“槫檩出头做法”。[62]

前端斜切，抵近屋面。所谓“脊槫”，清式建筑术语称为“脊桁（檩）”，是屋脊下的槫，在所有槫中位置最高，在南禅寺大殿中由叉手高高擎起，长度与平槫相近。（见图一〇）

斗栱（即“铺作”）

“中国构架中最显著且独有的特征便是屋顶与立柱间过渡的斗栱。”[63] 当我们走近南禅寺大殿以及其他中国古代木结构建筑时，斗栱往往是我们最先注意到，可能也是印象最深的构件单元。它从外形上看，在柱、梁、枋、槫等直线形构件中显得有点格格不入，结构上也比较琐细、复杂，那么为什么要使用斗栱？这恐怕得从斗栱的作用说起。

斗栱是黏合剂。

它主要位于柱子和屋架之间，将梁架和屋盖胶结为一个有机的整体。它的外形大致呈倒三角形，上部面积较大，用来收集和承接梁架、屋面的荷载，下部汇聚一点，把荷载传递到柱头，再由柱子传导到台基，发挥着承上启下、衔接梁柱、传导荷载、稳固结构的重要作用。

斗栱是支撑臂。

它兼具出挑和抬高双重作用。以南禅寺大殿为例，因为有了斗栱的支撑，撩风槫较檐柱向外平伸了 0.81 米，承托起了 2.34 米的出檐[64]，支点不向外平伸，出檐就难以扩展，出檐不扩展，就无法给立柱、墙体、台明等提供有效保护；撩风槫较檐柱头向上举高了约 1.6 米，明显抬高了外檐，优化了屋身的通风和采光条件，有利于木构架的保养和居处环境的改善。梁枋的承载能力与材的强度成正比，与净跨度成反比，在材料强度不能不受限制地增加的前提下，减少净跨度是很现实的选择。南禅寺大殿四椽栿的跨度是将近 10 米，因为两端使用了斗栱支撑，净跨度减少了 1.1 米，提高了四椽栿的承载力。四椽栿两端的厚度从有斗栱支撑的地方开始变薄，净跨的部分用材较厚，加强了承载，两端的部分用材较薄，减轻了自重，两者之间建立了紧密的配合。

南禅寺大殿在发现时檐出（檐柱柱中至檐椽椽头的水平距离）1.66 米，20 世纪 70 年代修缮时判断檐椽被后世截短，后复原檐出至 2.34 米。

斗栱是减震器。

木料在减震方面本身就具备砖石材料所不具备的优势，斗栱将这一优势发挥到了极致。在檐下及室内梁架下应用斗栱之后，就能在建筑物的上、下构架之间形成一层由斗、栱等纵、横构件组成的弹性结构层，可以有效地吸收和消减纵、横地震波的冲击，有利于增强建筑物的抗震性能。

此外，经过加工和色彩美化的斗栱，还可以发挥明显的装饰作用[65]。

在中国古代建筑的营造中，材料供给受到客观条件的限制，结构设计就成为工匠施展才华的舞台。结构设计的目的是使有限的材料发挥尽可能大的效能，但任何结构都会增加材料的消耗和体系的复杂，所以也必然受到限制。如何平衡，如何多赢，如何最优解？

千百年来的探索中，“在古代的建筑者心目中，斗栱大概是被认为最成功、最得意之作”[66]。斗栱用料琐细，不会给材料供应增加很大负担。斗栱的作用显著，在规模越大、等级越高的建筑中，越不可或缺，以至于它的有无成为区分建筑等级的重要外观要素[67]。使用斗栱的建筑被称为“大式建筑”，包括宫殿、庙宇、衙署、府第等；不使用斗栱的建筑被称为“小式建筑”，包括大式建筑的配房、配殿以及民居等。斗栱还可以批量制作，甚至成为对整个营造工程的标准化计量，北宋《营造法式》以栱的标准断面为材，清代《工程做法则例》以“斗口”为基本模数，正如梁思成先生所说，“斗栱不唯是中国建筑独有的一个部分，而且在后来还成为中国建筑独有的一种制度”[68]。斗栱不仅具有科学的结构意义，而且具有浓重的文化色彩，李允鉌先生曾经总结：“斗栱是一组优美的空间结构，它是中国建筑所特有的构件，无论在力学上或者美学上都可以代表整个中国建筑的设计精神。”[69]

斗栱可以说是中国古代木构建筑的精髓，甚至可以说是灵魂。随着中国古典建筑技艺与文化的输出和交流，斗栱传播到朝鲜半岛、日本等地区和国家，成为以中国为中心的“东亚及东南亚古典建筑体系”的一个共同的外部特征。

了解了上述内容，当您再次看到南禅寺大殿的斗栱——中国

现存最古老的木质斗栱一般认为保存在敦煌莫高窟第254、251等洞窟[70]，时代为北魏时期，每组斗栱包括华栱、散斗、替木等构件，但是它之下的栌斗和之上的檐槫或绘或塑，不能算是完整的斗栱。

现存最古老的完整斗栱，是不是会对它刮目相看？下面我们详细介绍一下它们。

首先需要说明的是，“斗”与“栱”是两种形制、作用均不相同的构件。

所谓“斗”，“位于栱心及其两端，或位于栱枋昂身之间”[71]，因其外形类似古代量具“斗”而得名。斗的上平面称“斗面”，底平面称“斗底”，为了承托上部构件而在斗的上部开设的卯口称“栱口”或“跳口”。斗的种类比较丰富，在南禅寺大殿出现的主要有栌斗、散斗、交互斗、齐心斗、平盘斗等。

所谓“栱”，是指“铺作中前后向或左右向挑出的水平短枋木”[72]，因其外形如弓似拱而得名。栱的种类也比较丰富，在南禅寺大殿出现的主要有华栱、角华栱、泥道栱、令栱、鸳鸯交首栱等。

我们可以打个比方做进一步解释：“斗”外观块状，好比人的躯干，“栱”通常条形，好比人的双臂，斗身结实如身体健壮，发挥承替负重的作用；栱头外挑如双臂伸展，发挥支撑托举的作用。斗、栱层叠装配、互相依存，成为一个关系紧密的构件单元，俗称“斗栱”，在宋式建筑术语中称为“铺作”。

铺作的构件除斗、栱外，还有昂、耍头、枋等。

铺作根据所处位置可以分为位于内檐的“内檐铺作”和外檐的“外檐铺作”，还可以分为位于柱头的“柱头铺作”、转角的“转角铺作”以及两柱之间的“补间铺作”等。南禅寺大殿共有12朵铺作，均位于檐柱之上，所以全是外檐铺作，其中柱头铺作8朵，转角铺作4朵，没有补间铺作（图一五）。南禅寺大殿当

南禅寺大殿前、后檐当心间的下层柱头枋中间各隐刻1枚驼峰，其上安置了一个散斗。隐刻的驼峰没有实际作用，但是散斗可以缩短上层柱头枋的跨度，有利于开间的加宽，可能是补间铺作的雏形。

心间面宽4.99米，次间面宽3.38米，如此宽度却不用补间铺作也是早期木构建筑的特征之一。柱头铺作又可以细分为两种——

补间铺作的数量和分布可以反映不同时代建筑的特色，总体趋势是由少至多，由疏朗到紧密。

檐面柱头铺作和山面柱头铺作。

檐面柱头铺作共4朵，前、后檐各2朵，基本结构相同（图

图一五 南禅寺大殿的铺作类型（自摄）

图一六
南禅寺大殿前檐柱头铺作(自摄)

一六）。檐柱柱头之上首先置“栌斗”，清式建筑术语称为“大斗”“坐斗”，是一组铺作中体量最大、位置最低，也是负担最重的，它的斗面依据进深、面阔方向开十字形“栱口”，斗底和檐柱柱斗之间一般用榫卯连接。

栌斗斗面进深方向的栱口中置“华栱”，亦称“杪栱”“卷头”“跳头”等，清式建筑术语称为“翘”。华栱沿进深方向里外出挑，栱头卷杀斫成五瓣，每瓣内䫜（音 āo）深约 0.3 厘米。内䫜做法也是早期木构建筑的特征之一，宿白先生曾经指出，“内䫜作法见于北朝，南朝之后即稀见了”[73]。据《营造法式》记载，“凡铺作自柱头上栌斗口内出一栱或一昂，皆谓之一跳”，第一道华栱就是这组铺作的第一跳，一跳也称为一杪（也作“抄”）。《营造法式》中还有“偷心”和“计心”的区分，“凡铺作逐跳上安栱，谓之计心；若逐跳上不安栱，而再出跳或出昂者，谓之偷心”，南禅寺檐面柱头铺作的第一跳上未安栱，所以是偷心。

栌斗斗面面阔方向的栱口中置“泥道栱”，清式建

△

由于古建筑的栱眼壁常用土坯封闭，其表面用灰泥抹平，故名“泥道栱”。[74]

筑术语称为“正心瓜栱”，它位于阑额的正上方，与华栱十字相交，沿面阔方向左右出跳。

华栱、泥道栱的栱头上均置“散斗”，清式建筑术语称为“升”，是一种用于栱端、枋间或屋内襻间斗栱中的斗，斗面通常开一字形栱口，往往是一组铺作中使用最多的。

华栱及散斗之上承托第二跳华栱，它的外形虽与第一跳基本相同，但实际上是由四椽栿的梁首斫成的，也就是说，前、后檐当心间柱头铺作的第二跳华栱是同一根梁栿，把四椽栿看作一根超大、超长的华栱也许更容易理解这个结构。四椽栿中间部分承受的梁架及屋面的压力，以柱头和铺作为支点，转变成为两端部分承托屋檐的升力，实现了精妙的力学平衡。这种铺作的第二跳华栱由梁首斫成的做法，还见于其他唐代木构建筑，是公认的早期木构建筑的特征之一。

泥道栱及散斗之上本应承托“泥道慢栱”（清式建筑术语称为“正心万栱”），但正如上文已经介绍过的，实际承托的是柱头枋。柱头枋上刻出了泥道慢栱的形状，这种做法叫“隐出”或“隐刻”，这种隐刻的栱也被称为“影栱”。

第二跳华栱之上承托“交互斗”，又称“长开斗”，清式建筑术语称为“十八斗”，交互斗一般用于计心造华栱出跳跳头、昂头之上或替木之下[75]，它的斗面通常开十字槽。

下层柱头枋之上承托散斗。

交互斗之上置面阔方向的“令栱”和进深方向的“耍头”。令栱，清式建筑术语称为“厢栱”，据《营造法式》记载，“施之于里、外跳头之上，与耍头相交”。因为第二跳华栱上安置了令栱，所以第二跳是计心。

耍头，清式建筑术语称为“蚂蚱头”，是指在华栱、昂头上雕砍成折角形的木构件[76]。这个耍头无论外形还是结构，都与普通的耍头不同。先说外形，并不是常见的“折角形”，而是仿佛被刀剑斜斩了一样，这种做法在《营造法式》中见于对“昂”的记载中，“斜杀至尖者，其昂面平直，谓之批竹昂”，所以有学者把这个耍头形制称为“批竹昂式”。再说结构，这个耍头不是独立的构件，而是由缴背出头斫成的。这与前文所讲第二跳华栱在结构上有异曲同工之妙，前、后檐当心间柱头铺作的耍头是同一根缴背。

下层柱头枋及散斗之上承托上层柱头枋，上层柱头枋未使用“隐出”做法。

令栱之上置散斗，耍头之上置“齐心斗”（亦称“华心斗”“心斗”）。散斗、齐心斗共同承托替木，上压撩风槫。

上层柱头枋上承托驼峰、皿板及散斗，上承压槽枋。

檐面柱头铺作共出二跳，据《营造法式》记载，“出一跳谓之四铺作，出二跳谓之五铺作，出三跳谓之六铺作，出四跳谓之七铺作，出五跳谓之八铺作”，所以南禅寺大殿檐面柱头是五铺作。现存唐代木构建筑中，广仁王庙大殿和开元寺钟楼使用的也是五铺作，只有佛光寺东大殿使用了更加壮观、复杂的七铺作。

山面柱头铺作共 4 朵，亦为五铺作，外观与檐面柱头铺作几无差别，差别主要在于结构（图一七）。它的第二跳华栱不再是由四椽栿斫成，而是真正的里外出跳的华栱，它上承的耍头不是由缴背斫成，但也不是独立的耍头，而是由丁栿的梁首斫成的。

转角铺作共 4 朵，外观和结构最为复杂，可以把它们理解为山面、檐面以及斜出铺作的叠加（图一八）。山面、檐面铺作的做法基本相同，呈十字形交叉，以檐面为例，第一跳华栱是完整的华栱，第二跳华栱及其上的耍头分别由山面的下层及

图一七
南禅寺大殿山面柱头铺作（自摄）

图一八　南禅寺大殿东南转角铺作（自摄）

上层柱头枋出头后斫成。斜出铺作与山面、檐面铺作大致都呈 45° 相交，它的两跳华栱以及耍头均为完整的构件，尤其是耍头，除了这里之外都是用梁枋充当的。上文提到的斜栿就搭在耍头后尾之上。三个方向的铺作叠加以后，山面、檐面铺作的令栱就分别与斜出铺作的令栱连为一体，栱身隐刻为两栱栱首相交状，如鸳鸯交首，所以称为“鸳鸯交首栱”。鸳鸯交首栱上承替木和撩风槫，上压大角梁。

门窗

南禅寺大殿在前檐面当心间辟板门，两次间置破子棂窗，其余三面均垒砌厚墙。前檐在大殿发现时砌有砖墙，对门窗的外观有较大的改动，在 20 世纪 70 年代维修时将砖墙拆除，门窗根据本来形制，参考早期木构建筑的一般特点进行了复原。

所谓“板门”，也写作“版门”，用较厚的木板制作而成，具有较好的封闭性。

所谓“破子棂窗”，是一种简朴耐用的屋窗形式，

图一九
南禅寺大殿破子棂窗（自摄）

其做法是在窗框内直立一根根断面为三角形的棂条（南禅寺大殿用 9 根），棱角向外，背面取平（图一九），内可糊纸，亦可加扇，其特点是制作方便、省工省料、利于采光、便于通风[77]。

现存其他唐代木构建筑所用门窗基本都是板门和破子棂窗。

三、屋盖

俗话说“远看屋顶，近看斗栱”，屋盖是中国古代建筑最显著的外部特征之一。屋盖犹如被梁架支撑起来的一把大伞，不仅保护了台基和梁架，而且庇佑了居处在建筑之中的人们。我们先谈谈屋盖的做法，包括椽、瓦等内容，再介绍屋盖的常见形制。

做法

屋盖的基本做法是，首先在槫上搭放椽，然后在椽上铺排望板，望板之上敷设苫背，苫背之上覆盖瓦件等。

所谓“椽”，“指排列在桁、檩背上以承托屋面荷载的细木杆件”[78]。我们站在南禅寺大殿内抬头仰望，两端搭在槫上、整齐排列的一根根圆木就是“椽”。依据所在位置，椽可以分为脑椽、花架椽、檐椽、飞椽等，在南禅寺大殿内使用的主要有脑椽和檐椽等（图二〇）。

脑椽在所有椽中位置最高，断面圆形，两端分别搭在脊槫和平槫上。

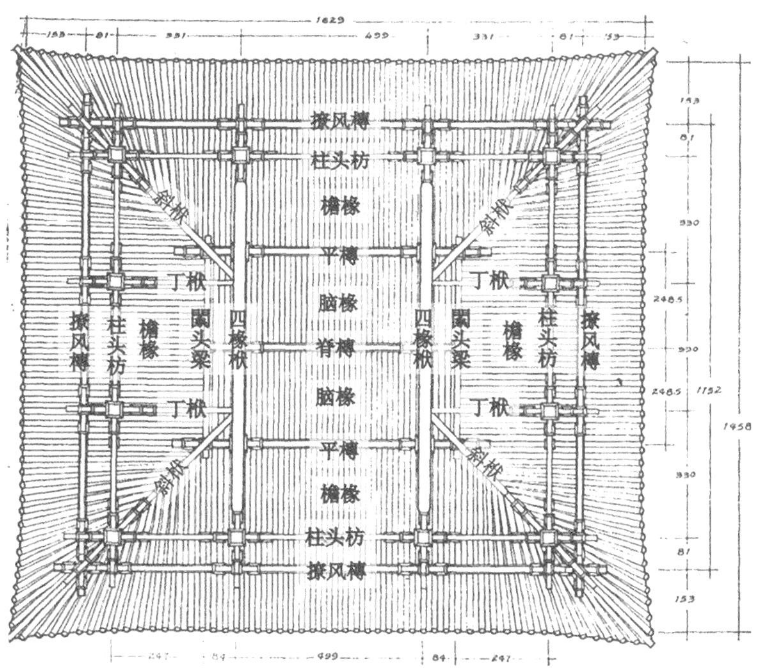

图二〇 南禅寺大殿仰视图（山西省文物局）

檐椽的长度较脑椽更长，断面也是圆形，一端与脑椽在平槫上交搭，另一端搭在撩风槫上，并且向外出檐。檐椽的长度直接决定了出檐的深度，南禅寺大殿的出檐在刚发现时不足以庇护台基，从檐椽头到檐柱中的距离是 1.66 米，维修者认为应是后代将檐椽锯短，并参考其他早期木构建筑进行了复原，将出檐距离增加到 2.34 米。古代木构建筑还有在檐椽上再安置出檐更为深远的飞椽（断面方形）的做法，现存的唐代木构建筑中尚未发现。

椽不仅是构件的名称，还可以用作衡量建筑进深的单位。比如南禅寺大殿，进深方向上共用槫 5 根，分别是前、后撩风槫，前、后平槫和脊槫，其上共搭椽四排，分别是前、后脑椽和前、后檐椽，所以它可以描述为进深“五檩”或“四椽”，实际尺寸是 10 米。

值得注意的还有屋盖转角的“布椽”方式。据《营造法式》载，“若四裴回（徘徊）转角者，并随角梁分布，令椽头疏密得所，过角归间，并随上中架取直”。这段记载的意思需要解释一下，所谓“过角”据随文小注，“至次角补间铺作心”，这说明了转角的范围；“归间”应与上文“凡布椽，令一间当心”等内容有关，也就是与屋面中央的椽子一样取直搭置；既然如此强调，那就意味着转角范围的椽不是随架取直，而是“随角梁分布”，也就是斜置。我国现存大部分古代建筑都采取这样的转角布椽方式，以“角梁后尾与下金檩相交处为中心，向檐头依翼角椽子数目画辐射线，作为翼角椽各根的中心线”[79]。但是南禅寺大殿的转角布椽方式与此有所不同，翼角椽没有相交于一点，而是与屋面中央的椽大致保持了平行（图二一）。这种布椽方式可能更为古老，在国内主要见于唐代乃至更早时期的石刻建筑模型或图像中，在日本的早期木构建筑中比较常见。如此布椽的话，椽子的长度会随着靠近角梁而越来越短，不利于承担转角屋面的荷载，所以才被后世更为常见的转角布椽方式取代，后者的椽子越靠近角梁越长，在承重方面有明显优势。

所谓“望板”，又称“屋面板”，是铺设在椽上的薄木板，厚度一般为 2—3 厘米。南禅寺大殿的望板为横向铺设，宽窄不一。

所谓“苫背”，是古代建筑屋顶的保护垫层，位于望板之上，通常为灰泥，所以也称为“泥背”，厚度通常在 10 厘米左右，作用一方面是便于覆盖瓦件，另一方

图二一 南禅寺大殿西北转角梁架及布椽方式（自摄）

面是有利于保暖防寒[80]。

南禅寺大殿在发现时，瓦件均为灰瓦，尺寸不一，样式各异，应是多次维修替换的结果，已非唐代原物。瓦件规格大致可以分为大、小两种，大者，筒瓦长36—38、宽16厘米，板瓦长41、宽27厘米；小者，筒瓦长34、宽15厘米，板瓦长36、宽23厘米。20世纪70年代修缮时，修缮者认为前者与《营造法式》记载大体相符，就依据大者进行了维修和补齐。

形制

中国古代的屋盖形制主要有硬山式、悬山式、庑殿式、歇山式及攒尖式等种类，其中歇山式屋盖是最常见的建筑形式。从外部形式来看，歇山式像是庑殿式与悬山式的有机结合，仿佛是一座悬山式屋盖歇栖在庑殿式屋盖上。歇山式屋盖屋面峻拔陡峭，四角轻盈翘起，玲珑精巧，它既有庑殿式雄浑的气势，又有攒尖式俏丽的风格（图二二）。无论是皇家宫殿、王公府邸、寺庙园林及商埠店铺等各类建筑，很多都采用歇山式这种屋盖形式。

图二二—图二三

图二二 南禅寺大殿屋盖俯瞰图（自摄）

图二三 南禅寺大殿屋盖（自摄）

南禅寺大殿的屋盖形制就是歇山式（图二三），大殿通高约 9 米。屋顶举折极为平缓，屋架总举高为前后撩风槫之间的 1/15.15，在我国现存宋、金以前的建筑中，是最平缓的一座。

四、附属建筑

大殿周边的附属建筑主要有 4 座，大殿西南和东南方向分别是龙王殿和菩萨殿，正前方是兼做山门的观音殿，这些殿宇围合成一个相对封闭的院落。此外，大殿东北方向还有 1 座阎王殿（见第一章图一）。

龙王殿方直台基，台基低矮，最低处约 0.15 米。殿身面阔三间，进深四椽（前廊一椽），悬山顶（图二四）。全殿用柱 12 根，其中前、后檐柱各 4 根，前金柱 4 根。柱间用阑额联系，柱头施普拍枋，阑额与普拍枋均在两侧出头。檐柱柱头施四铺作斗栱，抱头梁伸出斫成耍头状，檐柱间各施补间斗栱一朵，形制与柱头斗栱近同，唯明间补间斗栱出斜栱。殿内无柱，彻上露明造，前金柱和后檐柱间施三椽栿，一头插入前金柱，与抱头梁相对，一头置于后檐柱上。三椽栿上施平梁，一头置于前金柱上，一头置于三椽栿上皮驼峰上。平梁上施蜀柱、叉手承托脊枋和脊槫。殿前檐明间设板门，次间置破子棂窗。在龙王殿明间北侧金柱上发现了题记，“时大明隆庆元年（1567）

图二四 南禅寺龙王殿（自摄）

图二五 南禅寺菩萨殿（自摄）

图二六 南禅寺观音殿（自摄）

图二七 南禅寺阎王殿（自摄）

图二四—图二五

图二六—图二七

图二八

南禅寺大殿修缮施工（左上角为伽蓝殿）（祁英涛、柴泽俊《五台南禅寺大殿修复工程报告》，《建筑历史研究》第一辑）

二月二十六日起盖”，南侧金柱上还有一条题记，“时大清乾隆四十七年（1782）二月初八日重修”，准确记录了殿宇的创建和修缮时间。

菩萨殿位于龙王殿对面，处在大殿的东南方向，形制与龙王殿相似，亦为面阔三间，进深四椽（前廊一椽），但是未用悬山顶而用硬山顶，且不施斗栱，建筑尺寸也比龙王殿缩小，显得较为减省（图二五）。因为龙王殿尺寸大于菩萨殿，两殿在平面上就难以形成比较规整的

龙王殿通面宽约 11.68 米、通进深约 7.02 米，菩萨殿通面宽约 9.3 米、通进深约 6.12 米。

对称，怀疑菩萨殿所在的位置在明代原有其他与龙王殿形制、尺寸更为接近的殿宇，因某种原因损毁重建时，缩小了殿宇的规制。

观音殿兼作山门，位于大殿的正前方，面阔三间，进深三椽（后廊一椽），硬山顶，不施斗栱，规模较小（图二六）。观音殿前檐明间辟门，两次间砌墙，南禅寺的全国重点文物保护标志碑就嵌在墙体中。大殿梁架上原有彩绘，现已斑驳难辨。

阎王殿为偏殿，面阔三间，进深五椽（前廊一椽），悬山顶，前檐使用了简单的斗栱（图二七）。阎王殿附近还有禅房等小型建筑，不再介绍。

在龙王殿和菩萨殿北侧原本还各有一个小殿——伽蓝殿（图二八）和罗汉殿，均面阔三间，不设廊，硬山顶。20 世纪 70 年代对大殿进行维修时，发现这两座小殿叠压在大殿的早期台基之上，为了更好地恢复大殿原貌，予以拆除。

第三章　唐代彩塑

佛坛
彩塑
彩绘
其他文物

建筑是生命的容器。它们庇佑着人类的生命，也在人类的庇佑下从时光世事的淘洗中幸存下来，由当代建筑变成了古代建筑，具备了历史价值。

建筑是技术的集成。一个时代的建筑水平乃至科技水平凝聚在这个时代的建筑之中，因此古代建筑具有科技价值，建筑史是科技史的重要组成部分。

建筑是艺术的母体。人们对建筑的美化始于设计和建造它时，不仅美化建筑本体，还给它添加了多种附属装饰，绘画、雕塑等在成为独立的艺术门类之前，或多或少都与建筑有关，因此古代建筑还具有艺术价值。

南禅寺的历史和科技价值，我们已在“盛唐片羽”和“唐代木构”中重点讲述，本章将以“彩塑”为中心，侧重讲述艺术价值。

南禅寺大殿内的彩塑，虽然不是山西现存最古老的，考古遗址中的发现已经不晚于北朝，但若论保存完好、组合齐备的彩塑群，在山西乃至中原内地无疑以南禅寺为最早。我国现存的唐代木构建筑中，广仁王庙大殿和开元寺钟楼的彩塑不存，佛光寺东大殿的彩塑规模更大但年代略晚，虽然不能排除个别年代更晚的建筑中可能保存有唐代彩塑，但应不会早过南禅寺。

如果把木构建筑与彩塑的年代结合在一起考察的话，南禅寺的珍贵性不仅在中国，在世界范围内都是独一无二的。难能可贵的是，南禅寺的彩塑未经后期大规模重绘、重妆，基本保存了唐代的风貌，与佛光寺彩塑在近代被涂上的艳俗色彩形成了鲜明反差。

一、佛坛

南禅寺大殿内共有17尊彩塑（现存14尊），很有规律地布置在佛坛之上。佛坛位于大殿中央，平面形制呈“凹”字形，长8.4、宽6.3米，面积近53平方米，占到殿内面积的近50%。得益于使用了抬梁式结构，殿内才可以完整地容纳如此宽广的佛坛（图一）。

佛坛通高0.7米，顶面用边长0.33米的方砖铺墁，规格与铺墁地面的方砖相同，前面和两侧面用雕花青砖包砌，前面和侧面的中部（或者说“腰部”）向内收束，为“须弥座式”（又称“束腰式”），与大殿采用的方直式台基形制不同。佛坛的主要装饰位于束腰部分，青砖开壶门状浅龛（图二），其中浅浮雕花卉、走兽、绣球等图案，雕刻精美、变化丰富，束腰上下的青砖雕出仰莲等纹饰，装饰繁复。

唐、宋、辽、金时期建筑中并存木构和佛坛的为数甚少，与南禅寺时代相对接近的有唐代的佛光寺东大殿、五代时期的镇国寺万佛殿等。如果我们把它们放在一起进行横向比较，再与

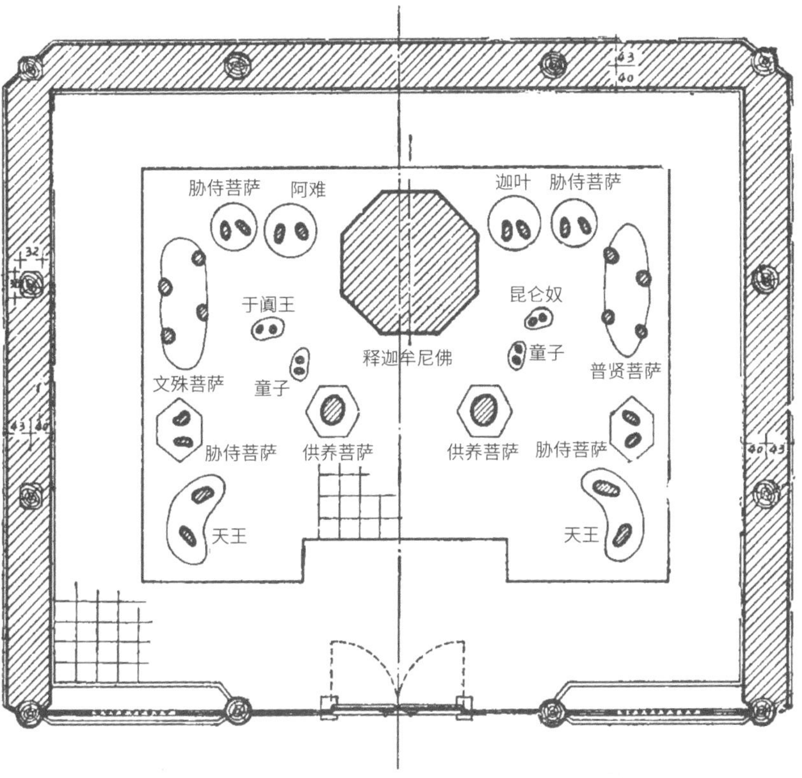

图一 南禅寺大殿彩塑分布图（山西省文物局）

图二
南禅寺大殿佛坛局部（自摄）

更晚的实例进行纵向比较，会有一些有趣的发现。

形制方面，早期木构建筑中的佛坛多占据殿宇的核心位置，而且体量硕大。东大殿的佛坛位于内槽，占到内槽面积的约 2/3，即便算上外槽的面积，所占比例仍然较高；万佛殿的佛坛与南禅寺类似，占到殿内面积的一半以上。“凹”字形佛坛不见于东大殿和万佛殿，但在遥远的渤海国上京龙泉府遗址（位于今黑龙江省宁安县）的唐代寺庙遗址中有发现[81]，后者的佛坛占据了整

如龙泉府遗址东半城 1 号佛寺、城北 9 号佛寺等。

个内槽，比南禅寺、佛光寺有过之而无不及。佛坛在殿宇室内面积中占比如此之高，在更晚的建筑中比较罕见。为什么会有这样的差别，可能与对尊像的礼拜方式有关。

布局方面，因为佛坛雄踞大殿中央，它与四面墙体的间距相差不大，与前檐墙间距略宽，约 1.6 米，与其余三面墙的间距多在 1.3 米左右，这使得佛坛前的礼拜空间十分有限。东大殿的情况更能说明问题，内槽被佛坛占据了大半，显然不可能仅在内槽进行礼拜活动，环绕内槽的外槽显然也是重要的礼拜空间，说明当时的礼

图三

彩塑『扎根』佛坛（自摄）

拜活动除了佛前礼拜外还有环绕礼拜。上京龙泉府的唐代寺庙遗址中，内槽完全被佛坛占据，更能说明环绕礼拜是主要礼拜方式之一。这与晚期佛教殿宇中，以佛前礼拜为主是有所不同的。这种变化在大同华严寺中有所反映，辽代的薄伽教藏殿内设置的是平面形制呈“凹”字形的佛坛，占据殿内一半以上的面积，与四面墙体的间距相差不大，礼拜方式应与南禅寺大殿等唐代殿宇一

华严寺内的另一座辽代建筑——海会殿（现已不存），亦设面积硕大的、平面呈“凹”字形的佛坛。

脉相承；而金代的大雄宝殿中，佛坛的平面形制近似“一”字形，所占面积明显缩小，殿宇内主要的礼拜空间位于

大雄宝殿佛坛上的塑像主要为明代作品，佛坛的年代尚无定论，应不早于金代。

佛坛之前，环绕礼拜已经式微。

年代方面，大殿内的彩塑“扎根”佛坛之内（图三），说明佛坛在唐代已经出现，但是装饰佛坛表面的青砖是何时所加，似乎还有进一步讨论的必要。佛光寺东大殿的规模和等级都高于南禅寺大殿，佛坛的规模也更为宏

伟，但装饰却相对简单。东大殿的佛坛为“方直式”，而非“须弥座式”，除顶部用青砖铺墁以外，仅在正面砌筑砖墙围护，砖墙上没有雕刻任何纹饰，两侧面和后面连砖墙围护都没有，只是用黄泥涂抹。比东大殿晚百余年的万佛殿的佛坛也是“方直式”，两侧及背面增加了砖墙围护，正面砖墙的中部内收作壶门，内嵌雕花砖，出现某些“须弥座式”的特点。南禅寺大殿的佛坛与这两座佛坛相比，在形制、装饰等方面都表现出一些更晚的特点，所以有理由怀疑佛坛现存的外部装饰可能不是唐代原貌，而是宋代乃至更晚时代的维修中附加的。

此外，佛坛的中轴线在与大殿的中轴线并不重合，而是偏东0.2 米，这可能是历代重修中产生的误差。

二、彩塑

大殿内原有泥塑 17 尊，现存 14 尊（图四），皆为唐代原作。因为殿内无柱，所以配置尊像时也就不需要考虑柱子遮挡的问题，以主尊释迦牟尼为中心，向两侧呈半圆形分布。当信众步入殿堂中时，就会被高大、精美的彩塑三面包围，虔诚跪拜之间，可以感受到浓郁的宗教氛围。

主尊释迦牟尼佛

17 尊塑像的布置经过精心设计，既浑然一体，又主次分明。位于正中的释迦牟尼像佛座最为精美、佛身最为高大，而且只有他设有华丽的背光，显示出“唯我独尊”的地位，无疑是整组塑像的中心（图五）。这尊塑像的佛座高 1.48、像高 2.48、通高近 4 米，最高处与平梁相当，形体宏伟，充盈殿宇。佛座平面形制为八边形，是典型的须弥座，下部饰层层覆莲，叠涩内收；束腰部分在前、后、

图四 南禅寺佛坛全景图（自摄）

图五

释迦牟尼佛像（自摄）

图六 释迦牟尼佛像的佛座（自摄）

左、右四面开壸门，狮子从中探身而出；上部饰层层仰莲，叠涩外扩；再上承一个巨大的仰莲座，莲座大部被佛像悬裳遮掩，有龙首从悬裳间探出；佛座上、下部之间，前、后各有 2 个肌肉虬结的力士托举，左、右各有 2 根矮柱支撑（图六）。佛像面相宽圆，头顶螺发，体态丰壮，内着僧祇支，胸下系带，外穿双领下垂式袈裟，右手上举，作说法印；左手抚膝，作触地印，又称“降魔印”，结跏趺坐。塑像后的背光正中为圆形头光，头光上为金翅鸟，两侧为飞天、花卉等。有意思的是，头光两侧还塑有各骑坐骑的文殊菩萨和普贤菩萨，左右位置与佛坛上的文殊菩萨和普贤菩萨塑像相应，可资对比。释迦牟尼像前还有两个精美莲花座，其上原各有一尊胡跪姿势的供养

图七

供养菩萨像（山西省文物局）

菩萨，虽然形体不大，但表情尤为生动，可惜已经丢失（图七）。

弟子阿难、迦叶像

距离释迦牟尼像最近的是弟子像——阿难和迦叶，像高将近 2 米。阿难立于主尊右侧，作年轻僧人状，内着双层僧祇支，外斜披钩钮式袈裟，脚穿僧鞋，站于莲台之上（图八）。佛光寺无垢净光塔曾出土一尊石雕阿难像，外形、神态都与此尊彩塑较为相似。需要特别注意的是，这尊塑像衣领附近有几块泥皮剥落，明显露出了下层泥皮上的色彩，可能就是唐代原塑的色彩。迦叶立于左侧，作年老僧人状，身穿袒右式袈裟，露出右臂及上身右侧，佛衣搭于左肘，赤脚站于莲台之上（图九）。两尊弟子像，一尊面如冠玉，一尊满脸皱纹，一尊长衣蔽体，一尊裸露肌肉，一静一动，相映成趣。

胁侍菩萨像

弟子像外侧各有一尊胁侍菩萨塑像，略高于弟子像，

图八
阿难像（自摄）

图九
迦叶像（自摄）

图一〇 阿难像外侧胁侍菩萨像（自摄）

面容恬静，体态婀娜，头戴花冠，身披璎珞，长裙及踝，赤脚立于莲台之上（图一〇）。残损的花冠后露出了高挽的发髻，发丝根根不乱，与太原花塔村出土唐代菩萨石像的发髻如出一辙。

文殊菩萨、普贤菩萨像

胁侍菩萨像外侧是文殊和普贤菩萨像，通高 3 米有余。文殊像位于主尊右侧，这是很有讲究的安排。文殊信仰在有唐一代十分兴盛，从皇帝到庶民都尊崇备至，五台山又是文殊菩萨的道场，所以通常将文殊安排在上首尊位，与后世多将普贤置于主尊右侧的安排恰好相反。佛光寺东大殿的塑像布局乃至金代文殊殿的位置都延续了南禅寺的传统。文殊像下为一只雄健的青狮，头部的鬃毛表现得尤为生动；文殊菩萨盘腿坐于青狮所驼莲花座上，头戴宝冠，衣着与普贤菩萨所着天衣有所不同，上有螺旋状纹饰，有学者认为应该是甲胄，是目前所知最早的“护国文殊”，或者说“新样文殊”造像之一[82]（图一一）。牵狮人像虽已丢失，但根据老照片可知是

图一一

文殊菩萨像（自摄）

图一二 普贤菩萨像（自摄）

图一三—图一四

图一三　胁侍菩萨和天王像手部特写（自摄）

图一四　胁侍菩萨和天王像（自摄）

图一五 佛坛西侧胁侍菩萨像细部（孟繁绘）

图一六 天王像衣饰细部（自摄）

图一七 昆仑奴像头发细部（自摄）

图一五 | 图一六

图一七

头戴冠冕、身穿袍服的于阗王形象，亦符合“新样文殊”的特点。文殊像前还有一尊童子像，高约 1 米，双手合十，仰望文殊。普贤像下为一头壮硕的白象，普贤菩萨盘腿坐于白象所驼莲花座上，头戴宝冠，身穿天衣（图一二）。牵象人为红肤卷发的昆仑奴（也有人称为“獠蛮”）形象，此外也有一尊童子像。

文殊和普贤像外侧各有一组胁侍菩萨和天王像，它们位于佛坛的东、西两侧，比较有意思的是位于西侧的一组，胁侍菩萨的右手与天王的左手若即若离，颇有匠心（图一三、图一四、图一五）。

这堂彩塑是山西乃至全国范围内为数不多的唐代彩塑中的艺术珍品，也是已知时代最早的、仍保留在寺庙殿堂中的成组彩塑作品。就彩塑个体而言，虽经后世一定程度的修补，如元至正三年（1343）的部分妆绘，但形体、相貌、衣饰、手法等

从目前来看，这次妆彩可能主要涉及大部分塑像的头部以及部分塑像的身体。

仍不失唐代特征，十分珍贵（图一六、图一七）。

三、彩绘

南禅寺大殿在进行修缮时，在内檐的斗栱和阑额上发现了早期彩绘的遗痕。栱头和斗的上部刷白色，下部突出部分刷土朱色，类似《营造法式》所载的“燕尾”式样。阑额里皮和部分柱头枋里皮刷有土朱，其间画 7 个直径 8—10 厘米的白色圆点，应属“七朱八白”一类的彩画。类似的彩画在佛光寺东大殿有多处发现，很可能是唐代建筑比较流行的彩画式样[83]。大梁和斗栱等构件两侧还隐约可见红朱色木纹，可能是宋代或更晚时期绘制[84]。

在对南禅寺大殿进行保护修缮工程中，在西墙内壁发现了覆盖在泥皮下的壁画，面积约 15.46 平方米，内容主要涉及地狱十王变相等内容，时代应不早于元代。壁画后经揭取和加固，现存龙王殿内（图一八）。

图一八

十殿阎罗壁画局部（自摄）

四、其他文物

南禅寺旧藏1件小型石塔（图一九），高51、底边长26厘米。石塔的主体部分是一座方形仿木楼阁式塔，共五层，各层雕有屋檐、瓦垄、斗栱等，第一层四面雕刻佛传故事、佛说法图等内容，二层以上四面雕佛龛，内以单尊坐佛为主，一龛为释迦多宝佛。楼阁式塔第一层四角各有一座窣堵坡式小塔，共同构成了一座金刚宝座式佛塔。石塔在发现之初认为是唐代遗物，李裕群先生进行研究后认为，“南禅寺小塔的雕造年代约在北魏迁洛前的孝文帝太和时期，即公元477—494年间”“是五台山诸寺中现存最早的遗物”[85]。

南禅寺内还保存有多通明清时期的碑刻[86]。时代最早的是现在立于龙王庙廊下北侧的《古刹新建净业绘轴十王设会立碑记》，年代是明万历十二年（1584）。碑文中提到，“盖紫府正西三十里许，聚落曰李家庄，南禅寺皇恩敕赐……”，这是“南禅寺”这一寺名的最早

图一九 南禅寺旧藏石塔（李裕群先生惠赐）

出处。碑文中还提到僧人妙法（号“本空”）“重修殿宇、钟楼、僧舍”，从时间上推断，龙王殿很可能就是“重修殿宇”之一。妙法的授业弟子性才（号“天器”）是碑文中三件功德的主要推动者，“新建净业”是指他在万历九年（1581）“自输己资，起盖净业殿三间”（可能即今阎王殿）；“绘轴十王”是指“纠同郭家寨并各村众等，绘轴十王一堂”（可能即原存南禅寺大殿的地狱十王壁画）；“设会立碑”是指在万历十二年（1584）

“立石刻名，启建水陆大会”。从碑阳署名人物来看，主要来自定襄县、崞阳郡、五台县等地，与今五台县以西的地区关系更为密切。碑阴署名人物中，郭家寨和李家庄人数最多。

寺内现存碑刻还有：

《南禅寺重修圆觉庙碑记》，清乾隆二十九年（1764）立，位于菩萨殿廊下北侧，碑文称“（是殿）自建中以来，越数世而讫于今，约千有余岁……”，碑文中的“圆觉庙”可能指的就是大殿；因为“法像非故，庙貌改观”，所以“仍故迹而整修殿宇，因旧像而补塑金身”，说明在此时曾对大殿进行过一次维修；出资维修的仍是郭家寨和李家庄，“两村力议修葺，募化资财”（图二〇）。

《重修观音殿布施人名》，清嘉庆十二年（1807）刊，共 2 块，嵌于观音殿墙壁。

《补修南禅寺碑记》，清嘉庆二十五年（1820）立，位于菩萨殿廊下南侧，碑文称，“旧有南禅寺，古刹也，乃郭家寨、李家庄二村之香火所建”。

《功德碑》，清嘉庆二十五年（1820）立，位于龙

图二〇 《南禅寺重修圆觉庙碑记》（自摄）

图二一 南禅寺现存碑额（自摄）

王庙廊下南侧。

《重修诸殿碑记》，清同治十二年（1873）立，位于观音殿后廊下西侧，碑文中的“大佛殿”应该指的就是大殿。碑文称，“两村议仍旧贯（惯），莫不慷慨赴事，欣然乐施”“聊以表两村之情，岂徒壮一时之观哉”，说明至少从明代万历年间以来，南禅寺已经成为连结李家庄和郭家寨的重要纽带，形成了两村绵延数百年的团结互助传统。五台山太远，守护南禅寺的是李、郭二村。二村一庙，这就是南禅寺的世界。

《功德碑》，清同治十二年（1873）立，位于观音殿后廊下东侧。

此外，院内还散置碑额2件，一件碑额刻“皇图永固/帝道遐昌/佛日增辉/法轮常转”（图二一），另一件碑额刻“南禅寺记”。

第四章　唐风流韵

修缮
讨论

南禅寺创建至今已有 1240 年的历史，这是相当漫长的一段时光，多少精美的建筑、辉煌的城市乃至显赫的王朝都已经不复存在。我们今天能够看到南禅寺是奇迹，看到的南禅寺仍然能够保存着唐风流韵更是奇迹。彩塑无疑是南禅寺最具有唐风流韵的部分，相比之下，木构则具有一定争议。

南禅寺大殿能够保存至今，离不开历代的保养和修缮，正如现存南禅寺观音殿廊下的《重修诸殿碑记》（清同治十二年，1873）所载：

栋宇虽坚，代远何能不敝；垣墉即固，年深奚克无倾，所以历久不坠者，殆惟有以葺之也。

不论古代还是当代，每次修缮都难免会对建筑进行一定程度的替换、更改和翻新等，这对南禅寺的唐代原貌而言，无疑是一种绝对意义上的破坏。因为木材在寿命方面相比石材等存在难以克服的劣势，所以为了延续木构建筑的寿命，这种“绝对意义上的破坏”是不可避免的代价。那么如何避免一座古代建筑在修缮过程中变成当代建筑呢？我们不能苛求材料，而应注重形制和技艺。

我们可以对南禅寺大殿的每一个木构件进行碳 –14 测年，

一一确定它们的绝对年代，但测年结果只能帮助我们思考问题，而不能代替我们做出决定。如果宋代修缮时，尽最大可能保留了唐代的形制，延用了唐代的技艺，我们应该将之归属到唐代还是宋代？如果历代修缮都或多或少地留下了自己的印记，那么这座建筑应该归属哪个时代？这当然不是仅凭木材的绝对年代就可以解决的问题，我们应当把握建筑的主体部分（梁架结构等）所体现的时代特征。这就是我们为什么将南禅寺大殿确定为唐代建筑的原因，也是我们判断修缮质量与效果的标准——是否可以通过“绝对意义上的破坏”实现“积极意义上的保护”。

一、修缮

南禅寺在历史上经历过多次修缮，在前文已经做了介绍。20 世纪 50 年代，当南禅寺作为唐代建筑被重新发现之后，对它的维修随即展开。

1953 年，山西省文物管理委员会等单位在古建筑普查中发现了南禅寺，并对其进行了临时性维修，主要是增加了支护等（图一）。

1966 年，受邢台地震影响，南禅寺大殿梁架整体向东南方向歪闪（向东 0.2—0.26 米、向南 0.3—0.35 米），构件脱榫、劈裂严重，且东次间砖券坍塌，五台县文物保管所对其予以支撑、加固处理等抢险处理（图二）。但是，抢救只能暂时缓解险情，无法真正消除险情，仅殿内、外支顶的木柱就已经多达 15 根，对大殿进行全面维修已经势在必行。

1974—1975 年，根据国务院批示精神，山西省文物工作委员会在国家文物部门技术人员和专家的指导下，以“恢复原状”为文物修复最高目标，对南禅寺进行了全面修缮（图三）。

图一 — 图二 — 图三

图一

20 世纪 50 年代的南禅寺大殿（祁英涛等《两年来山西省新发现的古建筑》，《文物参考资料》1954 年 11 期）

图二

20 世纪 60 年代末的南禅寺大殿（祁英涛、柴泽俊《南禅寺大殿修复》，《文物》1980 年 11 期）

图三

南禅寺大殿修缮施工（祁英涛、柴泽俊《五台南禅寺大殿修复工程报告》，《建筑历史研究》第 1 辑）

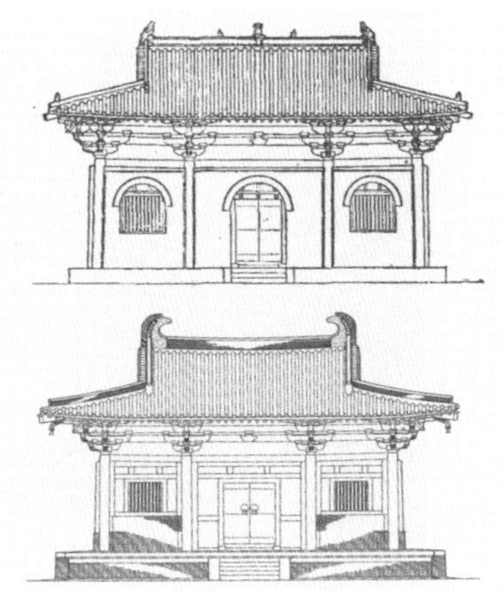

图四 南禅寺大殿修缮前后正立面线图对比（山西省文物局）

2015 年，经国家文物局批复同意，对南禅寺的山门、观音殿及龙王殿等建筑进行了修缮。

在上述修缮中，对南禅寺外观与结构影响最大的是 20 世纪 70 年代的落架大修。这次修缮不仅受到各级文物部门、学术界及社会公众的关注，并且成为探索木构建筑保护方式的重要范例，留下了很多值得探讨的话题（图四）。

根据国发〔1972〕73 号文件《国务院关于云冈石窟等三项全国重点文物保护单位急需抢修保护问题的批复》精神，山西省文物工作委员会组织力量，在国家文物局文物保护科技研究所的指导和帮助下，首先对南禅寺进行了实地勘察、发掘、测绘和设计，形成了初步修缮方案。1973 年 8 月，由国家文物局和省文化局邀请国内建筑和古建筑界著名专家对方案进行了论证，并对方案进行了修改。1974 年 8 月，方案经国家文物局核准后开始施工，祁英涛先生主持维修设计，柴泽俊先生负责实施，至 1975 年 8 月全部完工[87]。

通过对比阅读修复工程的相关文献，我们可以发现，修复者对修复方案有着严谨的整体性考虑，在“保证主体结构的式样和尺度不得变更”的前提下，根据构件及其保存情况的不同，提出了具有针对性的修复方针：

（1）“要尽量使用原有构件……主要构件不予更换。”有一句话在不同的文献中多次出现，“我们认为如果一座唐代木构建筑物，主要构件都被换成新材料，那么它将成为一座原大的模型，很难称它为唐代建筑了”，充分说明了修复者对原有构件的执着态度。

（2）“已缺之小斗或经后人更换亦非原制的个别构件，依旧补齐”“小型构件，残损过甚无法加固，照原样制作安装”。

（3）“经后代修补而改变原貌者……予以修缮复原。”

这3条方针应用到具体的修复实践，就是“加固”“复原”及“添配”3种修复策略。

（一）加固

包括梁架、檐柱、阑额、斗栱等主要构件。考虑到大殿在古代和现代（1966年）都曾受到地震引起的破坏，修复者对整体结构进行了加固，如在柱头上加钉联络阑额的铁板，在柱根增加了地栿，在檐墙内加钉十字木斜撑，并用铁钉、铁条等加固了梁枋连接点、檩木搭交处等部位。对个别构件的加固，以四椽栿最为典型。2根四椽栿在修复前已经弯垂8—9厘米，共追加了11根木柱支撑。在移除屋顶荷载之后，西侧四椽栿自动回弹了5厘米，显示了木材弹性大的优点。四椽栿在落地后进行了物理矫正和化学加固（环氧树脂灌注），考虑到本应起到辅助承托作用的缴背已经断为数截，修复时将其与四椽栿粘牢束紧，组成一根拼合梁。这2根“唐代第一长梁”重装上阵之后，为了安全起见，曾各附加2根直径14厘米的钢管支撑，1975年各撤去靠前的一根，至今木材未发生明显弯垂，可谓“老当益壮”。此外，木柱除东南角一根糟朽严重，予以替换外，其余均保留原物。

（二）复原

包括台明、出檐、檩椽、望板、枋材等构件。大殿的台明利用发掘所获资料进行了复原，并为此拆除了压占月台的罗汉殿和伽蓝殿。为了保护塑像安全，修复方案原计划“柱底石原位不动，基础不予重筑”，但是在拆除梁架后发现，基础质量极差，“皆为污土和瓦砾填充，极为松软”“其中砖块、瓦片灰块、污土等，全未夯实”，为了保证修复建筑的质量，不得不改变了修缮方案，“秽土挖掉，基础予以重筑”。台明的规格确定以后，根据“一般古代建筑的檐出多是大于台明 20—40 厘米”的规律，以及从现存唐宋木构建筑中总结出来的柱高和檐出的比例——约 61%，对出檐进行了复原。另一处比较重要的复原是叉手部分。屋面荷载减轻之后，原本和叉手一起承托脊槫的驼峰、蜀柱及大斗等构件自动脱离，梁架结构的稳定性并未受到影响，考虑到这 3 个构件的“式样与制作手法，同殿内其他构件并不一致”“木质也不相同”，因此怀疑它们是宋代维修时所加，在修复中予以取消，“恢

图五 南禅寺大殿屋顶鸱尾（自摄）

复了唐代建筑的原样”。

（三）添配

包括门窗、墙壁、瓦件等。清代在大殿前檐增加了一道砖墙，当心间两扇板门及次间的破子棂窗被锯截、缩窄后安在砖砌券洞内，“修缮时参照早期建筑实例”，拆除了砖券，给门窗添配了附件，恢复了早期式样。屋顶铺设的板瓦、筒瓦等规格不统一，“施工中一律以较大尺寸的筒板瓦添配”。原有的屋脊、吻兽、垂脊等“手法极拙”“是后人添配”，修复时都弃之不用。屋脊参考了佛光寺东大殿的做法和《营造法式》的相关记载，鸱尾则参考了上京龙泉府出土的实物等（图五）。

此外，修复中还用生桐油等对构件进行了防腐处理等。

二、讨论

在开始讨论 20 世纪 70 年代修缮方案之前，我们首先应该明确这个方案不是祁英涛先生或柴泽俊先生个人意志的产物，而是集体智慧的产物，并且严格履行了准备、报批、修改、获准、施工及验收等各个环节。因此，这个方案体现的更多的不是个人好恶，而是时代烙印。我们在上文将木构建筑分为台基、梁架和屋盖 3 部分进行了介绍，下面也将从这 3 部分入手，对修缮工作进行讨论。

就改动幅度来说，梁架的改动幅度最小，台基较大，屋盖最大。

梁架方面，主要改动是取消了蜀柱等支撑脊槫的部分构件，并且对门窗等小木作进行了恢复，如柱、梁、丁栿、斜栿等都最大限度地延用了原有构件，这一点即便在今天看来也是颇为不易的。柴泽俊先生曾经说过，他维修的古建筑一般会保留 95% 以上的原有构件，从南禅寺的修缮实践来看，他们无疑尽力这样做了。我们的邻国日本也保存有大量古代木构建筑，他们在修缮时对形制与工艺的传承态度严谨，对是否使用原有构件态度相对宽松。

台基的改动幅度较大，不仅将大殿的台基外扩，并且重新铺墁，还在大殿台基前增加了月台，使整个台明的形状发生了较大变化，并为此拆除了两座晚期小殿（见第二章图二八）。台基原本只计划有限地修缮，但在施工中发现原有台基质量较差，可能成为修缮完成后的不安全因素，出于保护彩塑的目的，所以对台基几乎全部予以重筑（图六）。

屋盖的改动幅度最大。这一点可能会有人持不同意见，如果“台基几乎全部予以重筑”，那改动幅度是不是比屋盖更大？我们对此的理解是，屋盖的改动主要有出檐、瓦件等，出檐的改动参考了柱高和台明，由修缮前的 166 厘米增加到了修缮后的 230—240 厘米，屋面筒、板瓦参考较大的瓦件进行了统一，正脊、垂脊、鸱尾等几乎都为新作。出檐和瓦件几乎就是屋盖的全部外观形式，这样的改动幅度比台基有过之而无不及。

就改动依据来说，梁架改动的依据最充分，台基次之，屋盖再次之。

梁架改动的具体依据在上文已经介绍。虽然在调查之初，就有学者注意到蜀柱等构件与大殿的其他构件有所区别，但在制订修缮方案时仍计划保留原样。在施工过程中，这些构件自动从构架上脱离，而且也未发现它们与其他构件存在榫卯等连接，才调整了修缮

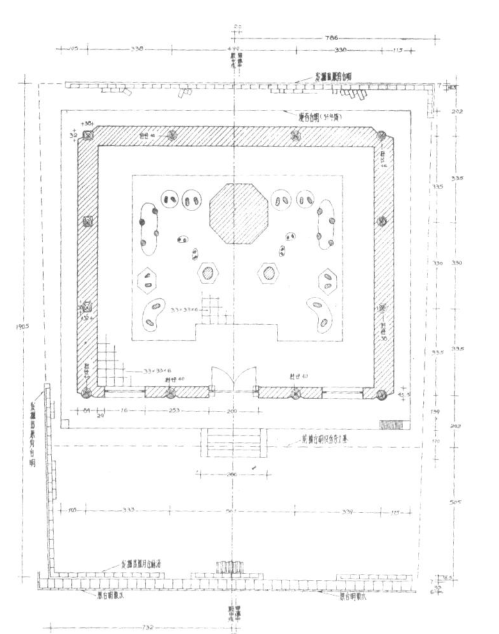

图六 南禅寺大殿台基平面图（山西省文物局）

方案，将它们取消。修缮者认为这些构件可能是宋代维修时所加，这个观点应该是比较准确的，而且这些取消的构件至今仍保存在南禅寺库房，如果需要仍可以进行深入研究，这样的处理可谓妥善。此外，对门、窗等小木作的复原也有比较可靠的依据，在此不再赘述。

台基的改动幅度虽然不小，但是“施工前曾对基台进行勘查发掘”，修缮中“台明的尺度、做法完全按照发掘

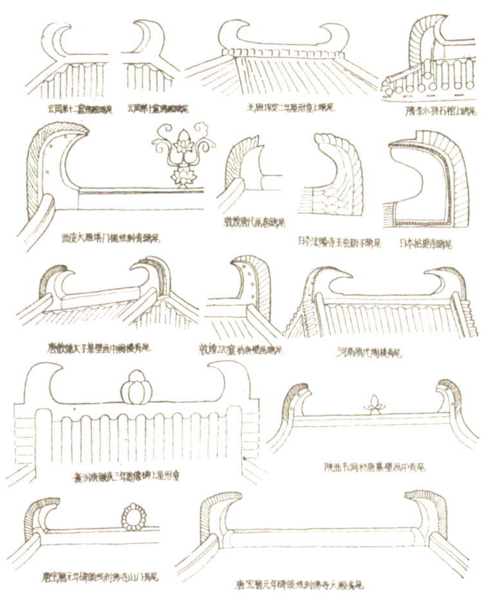

图七 魏唐鸱尾十五种（祁英涛、柴泽俊《五台南禅寺大殿修复工程报告》，《建筑历史研究》第一辑）

情况复原”，连台基砖块的铺装方式都参考了发掘出来的残存砖墙，改动依据还是比较充分的。遗憾的是，这次勘查发掘应该不是由考古机构实施的科学发掘，至今也未见与发掘有关的考古资料正式发表，发掘中按理应该会出土砖、瓦等遗物等，目前也尚未看到针对这些遗物的年代、工艺等方面的研究。这些遗憾使我们无法对台基的营建和变迁进行更细致的研究，复原的台基是历史上真实存在过的，但并不一定是唐代的“真实存在”，至少在理论上存在早于或晚于唐代的可能。正如前文所述，南禅寺大殿的月台在现存唐代建筑中是略显突兀的，这不能不使我们对它的年代存在一定疑问。

相比之下，屋盖的改动依据是最薄弱的，既不像梁架改动那样水到渠成，也不像台基改动那样有据可依，在原有出檐、瓦件等基本已经不复存在的情况下，这种改动的“开放性”就过于强烈了。修缮者竭尽所能地为改动寻找依据，“参照我国早期建筑实例和敦煌壁画、西安大雁塔门楣线刻佛殿、陕西乾县懿德太子墓唐代壁画阙楼、唐代鸱尾形制以及宋《营造法式》规定，结合原国家文物局古代建筑修整所 1954 年关于修复南禅寺大殿的初步意见”等等（图七），但归根到底只能收获学术意见，而不能再现历史原貌。

综上所述，改动幅度的大小和依据的强弱恰好成反比，这可能正是这项修缮工程引起一定争议的根本原因所在[88]。正如我们在讨论开始时所说，这个修缮方案是时代的产物，今天可以与它进行意见的交流，不宜对它进行道德的褒贬。围绕这个修缮方案，至少有两个问题值得继续思考，一个基于认同，一个基于分歧。

值得认同的是，修缮秉持了“最小干预原则”。无论是梁架还是台基，修缮方案在设计之初都计划保持原貌或只做最低限度干预，这个态度是科学和严谨的；对原有构件做到了最大限度地延用，如对四椽栿的修复和对 3 根抹棱方柱的保留等，这个做法值得效仿。当今的部分古代建筑修缮工程，不仅用现代技艺代替了古代技艺，而且常常放弃对原有构件的挽救和延用。面对这种状况，南禅寺大殿修缮工程的经验仍有借鉴意义。

存在分歧的是，如何贯彻“真实性原则”。修缮者认为，把南禅寺大殿恢复到唐代风貌，相对于它维修前的状况而言是一种“真实”，所以修缮报告中反复出现“保持唐代建筑的原貌原构”一类的表述。在我们今天看来，“真实”应该是南禅寺大殿的唐代原貌，从别的建筑中找到再多的相关依据，终究只是“别的建筑”。如果我们无法恢复这种“真实”，还不如不进行复原，因为唐代以后在南禅寺大殿上留下的各种印记无疑也是一种“真实”。

祁英涛先生在大殿修缮完工 10 年后写道：“吻兽复原的结果只能是具有一些唐代风格，还不能说是南禅寺大殿吻兽的原状。因为它的原状是缺乏古建筑上残存实物参考的。这一部分的复原工作，虽然我们也费了许多时间，但结果是不理想的。这是在不得已的情况下而采取的办法。因为原来残存的吻兽件与大殿太不相称了。此后，我们在一些复原性的工程中，对于瓦兽件又多采用保持现状的做法。”[89]

这种反思清醒而可贵。

附录
南禅寺周边古迹

南禅寺所在的忻州市五台县是山西文物古迹特别丰富的区县之一，仅在南禅寺所在的五台县西部地区就分布有不同时期的大量重要遗址和建筑，我们下面择要介绍几处，供感兴趣的读者选择。

一、延庆寺

延庆寺位于五台县阳白乡善文村东北，在南禅寺西北约 7 千米处。寺庙原为三进院落，现存二进院落，占地面积 1311 平方米（图一）。2006 年 5 月，延庆寺被国务院公布为第六批全国重点文物保护单位。

寺庙的核心建筑是位于中轴线北端的大佛殿（图二），坐北朝南，面阔进深均为三间，平面略近正方形，单檐歇山顶。彻上露明的做法使得殿内的梁架结构一览无余，六椽栿通檐用两柱，殿内使用了少见的节省四椽栿的做法，是古代匠师合理节省用料的巧思 。柱头斗栱为五铺作单杪单下昂，耍头呈下昂形，补间铺作每间一朵，前檐当心间补间铺作是流行于金元时期的 45° 斜栱。当心间辟板门，两次间设直棂窗。有关这座大殿的年代并无确切的资料记载，陈明达先生根据其耍头、铺作斜栱、

图一—图二

图三

图一
延庆寺远景（自摄）

图二
延庆寺大佛殿（自摄）

图三
延庆寺经幢（自摄）

驼峰的手法均与佛光寺文殊殿相似；通长两椽的大托脚和像下昂形状的耍头，又和朔县崇福寺观音殿的手法相似，认为它应是金代的建筑 。近年维修时，在大佛殿前方增建了山门、过殿，两侧配置了厢房，形成了相对完备的寺庙布局。

寺内现存一座北宋景祐二年（1035）陀罗尼经幢（图三），汉白玉质地，共四层，通高约 7 米，塔身刻陀罗尼经，末行刊“景祐贰年岁次乙亥拾月辛亥朔拾伍日己（？）丑囗 时建”的字样。遗憾的是，这座经幢刻有精美佛像的一层已经被盗，现仅有最下一层仍立于原地。

二、广济寺

广济寺大雄宝殿位于五台县城东米市街北侧，在南禅寺东约 12.5 千米处（图四）。据县志和寺内碑刻记载，广济寺创建于元至正年间（1341—1368），清乾隆四十三年（1704）重修。大雄宝殿为元代遗构，2001 年 6 月，被国务院公布为第五批全国重点文物保护单位。

广济寺又称“西寺”，原本有两进院落，中轴线上依次有山门、天王殿、文殊殿、大雄宝殿、藏经楼等殿宇，两侧有钟、鼓楼，

图四 广济寺大雄宝殿全景（自摄）

图五 广济寺大雄宝殿（自摄）

图六 广济寺大雄宝殿塑像（自摄）

配殿，厢房等，但除大雄宝殿外的其余建筑均已被毁。广济寺现占地面积 883 平方米，分前、后两院，前院为清代名人徐继畬纪念馆，徐继畬墓志铭等珍贵文物陈列其中，后院为大雄宝殿（图五）。

大雄宝殿创建于元至正年间（1341—1368），面阔五间，进深三间，单檐悬山顶，殿前有月台。柱头做覆盆式卷杀，柱身有侧脚和生起，大殿前檐当心间、次间柱头（吞口）塑有异兽等，梢间檐墙东西两端上原塑有人像承压在檐下,近年维修时已经移除,仅保留童子彩塑。殿内采用减柱法，减去前槽两根内柱，只留后檐两根粗大的内柱，这样的做法使得殿内的空间十分开阔。檐下施四铺作斗栱，简单疏朗。屋顶坡度较为平缓。大殿内有塑像 32 尊（图六），后槽内柱间砌筑隔墙一扇，隔墙前佛坛上主尊为释迦牟尼，左侧为文殊菩萨、右侧为普贤菩萨，左、右后侧分别为迦叶、阿难二弟子，坛下左右角各有一护法天王。隔墙背后佛坛上主尊为观音菩萨，左为文殊菩萨，右为普贤菩萨。两侧山墙下各砌筑一长方形砖台，各塑 9 尊罗汉像。

殿前有唐代八角形石经幢一座，幢座为须弥座，每面雕有狮子，幢身每面都有雕像，铭文漫漶不清，幢身上覆有宝盖，宝盖上饰几何图案和璎珞等，宝盖以上为覆钵和宝珠。

三、徐向前故居

徐向前故居位于五台县东冶镇永安村，在南禅寺东南约 9 千米处。故居建筑始建于清嘉庆、道光年间， 2006 年 5 月，被国务院列为第六批全国重点文物保护单位（图七）。

徐向前，原名象谦，字子敬，五台县永安村人，1955 年被授予元帅军衔。徐元帅是我国伟大的无产阶级革命家、军事家，党和国家及中国人民解放军杰出的领导人之一。1901 年 11 月 8 日出生，1919 年考入太原山西省立国民师范学校，1924 年考入黄埔军校第一期离开了故乡，1927 年 3 月加入中国共产党。1937 年，抗日战争全面爆发后，徐向前于 9 月随朱德回到家乡，仅在家住了两天，直到 1990 年 9 月 21 日因病在北京逝世，其间再没有回过家乡。

徐元帅逝世后，遵照他的生前遗愿，将部分骨灰送回五台县，安放在烈士陵园中，了却了他叶落归根的夙愿。为纪念徐向前元

图七 徐向前故居（山西省文物局）

帅，弘扬爱国主义和革命主义精神，在五台县委和人民政府的支持下，徐向前故居的修复工程在1991年冬完成。

故居坐北朝南，一进四合院，南北长18米、东西宽12米，正南为垂花门，正房高两层，面宽三间，木结构硬山顶，两旁各有耳房一间，东、西配殿各五间，所有房屋均青砖通板瓦房。故居中展览陈列着毛泽东主席向徐向前授勋时的元帅礼服以及徐向前元帅亲笔书写的《石灰吟》和《龟虽寿》两首古诗原件等珍贵文物。

四、东冶镇近现代建筑群

五台县东冶镇有许多重要的近现代建筑，大多集中在东冶镇和东冶镇下属的槐荫村，位于南禅寺东南约 7 千米处。槐荫村在 2016 年 12 月被列入第四批中国传统村落名录。

徐继畲故居

徐继畲故居位于五台县东冶镇东街村朝阳巷，于 2007 年 6 月被列为忻州市文物保护单位。

徐继畲（1795—1873），字健男，号松龕，历任翰林院编修、陕西道监察御史、福建延邵道道台、福建布政使、闽浙总督、总理各国事务衙门大臣等职，为官一身正气、两袖清风，在鸦片战争期间上书《禁鸦片论》。他是中国近代开眼看世界的先驱之一，完成了中国近代史上第一部系统介绍世界地理和各国概况的学术著作《瀛寰志略》，积极突破旧思想的禁锢汲取新思想、新知识。

徐继畲故居坐北朝南，包括名为“惠迪吉”的一进两院及东边名为“传清白”的书房院一座，占地面积 428 平方米。大门为硬山灰瓦顶，安装板门一合，门框旁写有“惠迪吉”，绕过门前影壁进入一进院，院内西厢房面宽三间，进深四椽，屋前设廊，东厢房已改建成现代居所。二进院院门为垂花门，九踩斗栱，栱眼壁透雕石榴、莲花，门框旁书“居无中美”“道光丙戌”。二院正房为二层楼，硬山灰瓦顶，面宽三间，进深五椽，两层均设前廊及栏杆，正房左右砖券门洞，通向耳房。西厢房三间，硬山顶。书院房“传清白”正房除屋顶外，其余部分均已改为现代民居。

槐荫两级小学

槐荫两级小学位于五台县东冶镇槐荫村，由槐荫村人赵承绶（时任阎锡山晋绥军骑兵总司令）民国二十三年（1934）为改善村民办学条件而创办，是当时的华北第一名校，2016 年被列为省级文物保护单位（图八）。

槐荫两级小学坐北向南，依山势建在四个自然平台上，占地面积约 1.1 万平方米。校门内石狮一对，之后拾 25 级台阶而上，第一级平台有窑洞 9 间；中设台阶进入第二平台，中间石券门洞顶置石栏杆，正中有一匾书“槐荫学校”，第二平台有硬山灰瓦顶的砖结构教室四间，中设门洞，左右尽间旁设小门，通往回廊；第三平台结构与第二平台相同；自第三平台拾 7 阶步入第四平

图八　槐荫两级小学（自摄）

图九　槐荫两级小学文昌阁（自摄）

台，正面是前出抱厦的大礼堂，面宽五间，进深八间，歇山卷棚顶，斗栱三踩，耍头龙形，礼堂内舞台前置栏杆，顶部有天花板。礼堂左右各5孔曾用作宿舍的窑洞，西侧是操场。礼堂左前方的文昌阁是整个槐荫村的制高点（图九），面宽三间，进深六椽，歇山顶，琉璃脊兽，基座南有石券窑 3 孔，东面 5 孔，四周砖砌花栏墙。

这座位于五台县东冶镇槐荫村的学校培养出了李力安、程飞等我党优秀革命干部。它结合当地地形将中国传统木结构建筑与具有地方特色的窑洞完美结合，是极具保存价值的近现代教育建筑群。

槐荫赵氏祠堂

槐荫赵氏祠堂位于五台县东冶镇槐荫村中，由槐荫村人赵承绥民国二十四年（1935）出资、赵戴文主持，由娘娘堂原祠迁建现址。祠堂坐北朝南，占地面积 1500 平方米。正面祠堂为硬山顶，面宽九间，进深七椽，祠堂前设有前廊，屋顶瓦面为黄琉璃剪边，祠堂内设神龛五间，满摆各世神位。厢房为卷棚顶，面宽九间，深六椽，所悬挂的匾额“三晋世族”为 2001 年新书，原匾已毁。

图一〇 槐荫赵氏祠堂（自摄）

祠堂内存金明昌三年（1192）石经幢1座以及近代碑刻等（图一〇）。

承致医院旧址

承致医院旧址位于五台县东冶镇槐荫村中，由槐荫村人赵承绶民国二十三年（1934）为改善村民医疗条件出资新建。医院采取中西医结合的治疗方式，为村民实行全免费治疗，解决了村民就医难的问题，受到老百姓的欢迎。

旧址坐北向南，占地面积2241平方米。一进两院，临街设门洞，左右各设5间卷棚硬山顶门面房，用作门诊。第二排利用了当地的自然地形，建造石砌栱券窑洞11孔，中间1孔前设单面歇山顶抱厦，深一椽，周围砖栏杆。第二、三排窑洞作为病房使用。

此外，东冶镇和槐荫村还有赵承绶、李力安、程飞等近现代著名人物的故居、旧居等。

注释：

[1] 李会智：《山西元以前木构建筑分布及区域特征》，《自然与文化遗产研究》2021 年 1 期，第 1—28 页。

[2] 董耀会：《山西长城文化遗产及长城旅游发展》，《史志学刊》2020 年第 3 期，第 4—7 页。

[3] 罗哲文：《序》，张映莹、李彦主编《五台山佛光寺》，文物出版社，2010。

[4] 李乾朗：《穿墙透壁：剖视中国经典古建筑》，广西师范大学出版社，2009，第 20 页。

[5] 陈垣：《二十史朔闰表》，上海古籍出版社，1956，第 100 页，。张培瑜：《三千五百年历日天象》，大象出版社，1997，第 226 页。

[6] 曹汛：《走进年代学》，《建筑师》2004 年第 6 期，第 94—102 页。

[7] 陈涛：《五台山南禅寺大殿建造年代辨析》，《建筑与文化》2010 年第 6 期，第 82—84 页。

[8] 祁英涛、柴泽俊：《五台南禅寺大殿修复工程报告》，建筑理论及历史研究室编《建筑历史研究（第 1 辑）》，中国建筑科学研究院建筑情报研究所 1982 年，第 152—170 页。此文发表了题记的部分内容，本书作者通过研读题记照片等资料，进一步补充和完善了录文。

[9] 李剑平:《中国古建筑名词图解辞典》,山西科学技术出版社,2011,第 135 页。

[10] 祁英涛、柴泽俊：《五台南禅寺大殿修缮复原工程研究报告（油印本）》，1981。

[11] 丁福保：《佛学大辞典（下册）》，上海书店，1991，第 2512—2513 页。

[12] 梁思成：《中国建筑史》，百花文艺出版社，1998，第 17 页。

[13]［北宋］沈括著：《梦溪笔谈校证》，胡道静校证，上海人民出版社，2016，第 429—430 页。

[14] 梁思成：《凝动的音乐》，百花文艺出版社，1998，第 1 页。

[15] 梁思成：《凝动的音乐》，百花文艺出版社，1998，第 1 页。

[16] 孙机：《中国古代物质文化》，中华书局，2014，第 121、122、125 页。

[17] 祁英涛、柴泽俊:《南禅寺大殿修复》,《文物》1980 年 11 期，第 61—75 页。柴泽俊：《南禅寺大殿修缮工程技术报告》，《文物保护技术》1981 年第 1 辑，第 29—36 页。祁英涛、柴泽俊：《五台南禅寺大殿修复工程报告》，建筑理

论及历史研究室编《建筑历史研究（第1辑）》，中国建筑科学研究院建筑情报研究所1982年，第152—170页。部分数据为根据上述报告所附图纸测算所得。

[18] 李剑平：《中国古建筑名词图解辞典》，山西科学技术出版社2011，第 232 页。

[19] 孙满利、王旭东、李最雄：《土遗址保护初论》，科学出版社，2010，第94—104页。

[20] 杨鸿勋：《大明宫》，科学出版社，2013，第193—253页。

[21] 清华大学建筑设计研究院、北京清华城市规划设计研究院文化遗产保护研究所：《佛光寺东大殿建筑勘察研究报告》，文物出版社，2011。

[22] 贺大龙：《山西芮城广仁王庙唐代木构大殿》，《文物》2014年第8期，第69—80页。

[23] 聂连顺、林秀珍、袁毓杰：《正定开元寺钟楼落架和复原性修复（上）》，《古建园林技术》1994年第1期，第48—52页；《正定开元寺钟楼落架和复原性修复（下）》，《古建园林技术》1994年第2期，第11—15页。

[24] 刘敦桢：《中国古代建筑史（第二版）》，中国建筑工业出版社，1984，第3页。

[25] 梁思成：《中国建筑史》，百花文艺出版社，1998，第13页。

[26] 林徽因：《论中国建筑之几个特征》，《中国营造学社汇刊》第3卷第1册，第163—179页。

[27] 梁思成：《中国建筑史》，百花文艺出版社，1998，第11页。

[28] 李允鉌：《华夏意匠：中国古典建筑设计原理分析》，天津大学出版社，2014，第33页。

[29] 李允鉌：《华夏意匠：中国古典建筑设计原理分析》，天津大学出版社，2014，第31、38页。

[30] 梁思成：《中国建筑史》，百花文艺出版社，1998，第18页。

[31] 潘谷西：《中国建筑史（第六版）》，中国建筑工业出版社，2009，第2—3页。

[32] 刘敦桢：《中国古代建筑史（第二版）》，中国建筑工业出版社，

1984，第 3 页。

[33] 李剑平：《中国古建筑名词图解辞典》，山西科学技术出版社，2011，第 117 页。

[34] 潘谷西：《<营造法式>解读》，东南大学出版社，2005，第 47 页。

[35] 祁英涛、柴泽俊：《南禅寺大殿修复》，《文物》1980 年第 11 期，第 61—75 页。傅熹年先生认为，“相当于宋《营造法式》中的三等材”，参见：傅熹年：《中国古代建筑史（第 2 卷）：两晋南北朝隋唐五代建筑》，中国建筑工业出版社，2001，第 494 页。

[36] 贺大龙：《山西芮城广仁王庙唐代木构大殿》，《文物》2014 年第 8 期，第 69—80 页。

[37] 梁思成：《清式营造则例》，中国建筑工业出版社，1981，第 3 页。

[38] 梁思成：《清式营造则例》，中国建筑工业出版社，1981，第 26 页。

[39] 李剑平：《中国古建筑名词图解辞典》，山西科学技术出版社，2011，第 65 页。

[40] 李剑平：《中国古建筑名词图解辞典》，山西科学技术出版社，2011，第 70—71 页。

[41] 祁英涛、柴泽俊：《南禅寺大殿修复》，《文物》1980 年 11 期，第 61—75 页。

[42] 聂连顺、林秀珍、袁毓杰：《正定开元寺钟楼落架和复原性修复（上）》，《古建园林技术》1994 年第 1 期，第 48—52 页。南禅寺大殿的方柱四角抹棱，断面形状接近八边形，可见这两座建筑在柱式方面存在一定相似性。

[43] 聂连顺、林秀珍、袁毓杰：《正定开元寺钟楼落架和复原性修复（上）》，《古建园林技术》1994 年第 1 期，第 48—52 页。清华大学建筑设计研究院、北京清华城市规划设计研究院文化遗产保护研究所：《佛光寺东大殿建筑勘察研究报告》，文物出版社，2011，第 40—41、88—89 页。贺大龙：《山西芮城广仁王庙唐代木构大殿》，《文物》2014 年第 8 期，第 69—80 页。

[44] 刘敦桢：《中国古代建筑史（第二版）》，中国建筑工业出版社，1984，第 3—4 页。

[45] 刘敦桢：《中国古代建筑史（第二版）》，中国建筑工业出版社，1984，第 3—4 页。

[46] 李剑平：《中国古建筑名词图解辞典》，山西科学技术出版社，2011，第 84 页。

[47] 宿白：《中国古建筑考古》，文物出版社，2009，第 62 页。

[48] 李剑平：《中国古建筑名词图解辞典》，山西科学技术出版社，2011，第 96 页。

[49] 李剑平：《中国古建筑名词图解辞典》，山西科学技术出版社，2011，第 95 页。王效清主编：《中国古建筑术语辞典》，文物出版社，2007，第 142 页。

[50] 王效清主编：《中国古建筑术语辞典》，文物出版社，2007，第 41 页。

[51] 祁英涛等：《两年来山西省新发现的古建筑》，《文物参考资料》1954 年第 11 期，第 38—42 页；傅熹年：《中国古代建筑史（第 2 卷）：两晋、南北朝、隋唐、五代建筑》，中国建筑工业出版社，2001，第 494 页。

[52] 王效清主编：《中国古建筑术语辞典》，文物出版社，2007，第 139 页。

[53] 祁英涛、柴泽俊：《南禅寺大殿修复》，《文物》1980 年 11 期，第 66 页；傅熹年：《中国古代建筑史（第 2 卷）：两晋、南北朝、隋唐、五代建筑》，中国建筑工业出版社，2001，第 494 页。

[54] 潘谷西：《<营造法式>解读》，东南大学出版社，2005，第 69 页。

[55] 祁英涛、柴泽俊：《南禅寺大殿修复》，《文物》1980 年第 11 期，第 61—75 页。

[56] 梁思成：《营造法式注释（卷上）》，中国建筑工业出版社，1982，第 147 页。

[57] 清华大学建筑设计研究院、北京清华城市规划设计研究院文化遗产保护研究所：《佛光寺东大殿建筑勘察研究报告》，文物出版社，2011，第 47 页。

[58] 宿白：《中国古建筑考古》，文物出版社，2009，第 2 页。

[59] 潘谷西：《<营造法式>解读》，东南大学出版社，2005，第 295 页。

[60] 王效清主编：《中国古建筑术语辞典》，文物出版社，2007，第 112 页。

[61] 王效清主编：《中国古建筑术语辞典》，文物出版社，2007，第 402 页。

[62] 李剑平：《中国古建筑名词图解辞典》，山西科学技术出版社，2011，第 54 页。
[63] 梁思成：《清式营造则例》，中国建筑工业出版社，1981，第 10 页。
[64] 祁英涛、柴泽俊：《南禅寺大殿修复》，《文物》1980 年第 11 期，第 61—75 页。我们暂时不讨论这种复原是否合理，加长的檐椽和扩大的屋面仍由原来的撩风槫、斗栱等支撑，并未追加额外的支撑措施等，充分说明原有的支撑结构是相当可靠并留有余裕的。
[65] 王效清主编：《中国古建筑术语辞典》，文物出版社，2007，第 79 页。
[66] 李允鉌：《华夏意匠：中国古典建筑设计原理分析》，天津大学出版社，2014，第 218 页。
[67] 刘敦桢：《中国古代建筑史（第二版）》，中国建筑工业出版社，1984，第 3 页。
[68] 梁思成：《清式营造则例》，中国建筑工业出版社，1981，第 4 页。
[69] 李允鉌：《华夏意匠：中国古典建筑设计原理分析》，天津大学出版社，2014，第 218 页。
[70] 孙儒僩、孙毅华：《敦煌石窟全集（21）：建筑画卷》，香港商务印书馆，2001，第 71—77 页。
[71] 王效清主编：《中国古建筑术语辞典》，文物出版社，2007，第 77 页。
[72] 王效清主编：《中国古建筑术语辞典》，文物出版社，2007，第 329 页。
[73] 宿白：《中国古建筑考古》，文物出版社，2009，第 64 页。
[74] 李剑平：《中国古建筑名词图解辞典》，山西科学技术出版社，2011，第 23 页。
[75] 王效清主编：《中国古建筑术语辞典》，文物出版社，2007，第 168 页。
[76] 王效清主编：《中国古建筑术语辞典》，文物出版社，2007，第 280 页。
[77] 王效清主编：《中国古建筑术语辞典》，文物出版社，2007，第 333 页。
[78] 王效清主编：《中国古建筑术语辞典》，文物出版社，2007，第 438 页。
[79] 祁英涛、柴泽俊：《南禅寺大殿修复》，《文物》1980 年第 11 期，第 61—75 页。
[80] 李剑平：《中国古建筑名词图解辞典》，山西科学技术出版社，2011，第 181 页。
[81] 中国社会科学院考古研究所：《六顶山与渤海镇：唐代渤海国的贵族墓

地与都城遗址》，中国大百科全书出版社，1997，第 76—86 页。

[82] 崔元和：《五台山南禅寺唐代护国文殊与新样文殊造像解读》，《法音》2019 年第 3 期，第 14—18 页。

[83] 祁英涛、柴泽俊：《南禅寺大殿修复》，《文物》1980 年第 11 期，第 61—75 页。

[84] 柴泽俊：《南禅寺大殿修缮工程技术报告》，《文物保护技术》1981 年第 1 辑，第 29—36 页。

[85] 李裕群：《五台山南禅寺旧藏北魏金刚宝座石塔》，《文物》2008 年第 4 期，第 82—89 页。

[86] 秦建新、赵林恩、路宁、徐翠兰点校：《五台山碑刻（第 5 册）》，三晋出版社，2017，第 933—966 页。

[87] 祁英涛、柴泽俊：《南禅寺大殿修复》，《文物》1980 年第 11 期，第 61—75 页。柴泽俊：《南禅寺大殿修缮工程技术报告》，《文物保护技术》1981 年第 1 辑，第 29—36 页。下文所引资料，主要来自这两篇文献。

[88] 罗哲文：《略论古建筑的保护——关于防止人为破坏的问题》，中国建筑学会建筑历史学会委员会主编《建筑历史与理论（第 3、4 辑）》，江苏人民出版社，1984，第 7—18 页。罗哲文：《关于建立有中国特色的文物建筑保护维修与合理利用理论与实践科学体系的意见》，《古建园林技术》2006 年第 1 期，第 5—13 页。高天：《南禅寺大殿修缮与新中国初期文物建筑保护理念的发展》，《古建园林技术》2011 年第 2 期，第 15—19 页。查群：《中国文化遗产的早期保护实践（一）：南禅寺大殿两次修缮方案对比研究》，《中国文化遗产》2018 年第 1 期，第 78—86 页。

[89] 祁英涛：《南禅寺大殿修复工程》，《祁英涛古建论文集》，华夏出版社，1992，第 229—233 页。这段文字最初发表于 1985 年 7 月。

图书在版编目（CIP）数据

南禅寺 / 山西省文物局编 ；王炜著 . -- 太原 ：三晋出版社，2024.1（2024.5 重印）
（山西国宝故事）
ISBN 978-7-5457-2908-5

Ⅰ . ①南… Ⅱ . ①山… ②王… Ⅲ . ①寺庙 - 五台县 - 通俗读物 Ⅳ . ① K928.75-49

中国国家版本馆 CIP 数据核字 (2024) 第 042025 号

南禅寺

编　　者：山西省文物局
著　　者：王　炜
责任编辑：任俊芳
装帧设计：我在文化工作室

出 版 者：山西出版传媒集团 · 三晋出版社
地　　址：太原市建设南路 21 号
电　　话：0351 - 4956036（总编室）
　　　　　0351 - 4922203（印制部）
网　　址：http://www.sjcbs.cn

经 销 者：新华书店
承 印 者：山西润金容印业有限公司

开　　本：787mm × 1092mm　1/32
印　　张：5.875
字　　数：87 千字
版　　次：2024 年 1 月　第 1 版
印　　次：2024 年 5 月　第 2 次印刷
书　　号：ISBN 978-7-5457-2908-5
定　　价：38.00 元